시편 23편 묵상

여호와
나의 목자

이종구 지음

쿰란출판사

머리말

"나는 누구인가?"

당신은 이 질문에 대답할 수 있습니까?

누구라도 이 질문에 진정 대답할 수 없다면, 그는 지금 헛된 삶을 살아가는 것입니다. 그렇지 않습니까? 자신이 누구인지도 알지 못하고 살아가는 삶이라면, 그것은 자신의 삶의 근본조차 알지 못하는 삶이기 때문입니다. 그런 사람이 가치 있는 삶을 살고 있지 못하는 것은 당연합니다.

인생은 오직 일회적입니다. 그것도 눈 깜짝할 시간에 불과합니다. 그렇다면 당신은 그 짧은 인생을 어떻게, 그리고 무엇을 위해 살아갈 것입니까?

다윗은 시편 23편을 통해 피곤한 삶에 찌들고 허기진 우리 영혼을 향해 부르짖습니다.

"여호와는 나의 목자시니 내가 부족함이 없으리로다."

다윗, 그는 진정 여호와 하나님으로 인하여 부족함이 없었습니다. 그리고 그 하나님으로 인하여 진정한 행복의 노래를 부르고 있

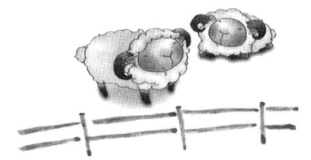

는 것입니다.

　많은 사람들이 시편 23편을 좋아합니다. 찬송가나 복음성가를 통해, 또한 우리나라 성가곡을 통해 더욱 알려져 있는 시편 23편, 그리고 기독교 서점이나 성구사에 가면 으레 한가운데 걸려 있는 아름다운 시편 23편. 그래서 이 시편은 기독교인이라면 어느 누구라에게라도 가장 친숙한 시입니다.

　특별히 시편 23편은 고난의 삶을 살아가는 오늘 우리들에게 한없는 위로와 안식을 허락합니다. 따라서 많은 신앙의 선배들이 이 시편 23편을 통해 새롭게 태어났습니다.

　GDP 수치는 높아졌지만, 그럼에도 불구하고 예전보다 행복해졌다는 사람은 찾아보기 힘든 오늘입니다. 그것은 먹고 마시고 입고 사는 것, 다시 말해 인간의 원초적인 것들이 결코 우리에게 행복을 가져다주지 않는다는 것을 증명합니다.

　깊은 우물에서 물을 길어올리고 또 길어올려도 여전히 자신의 목마름을 채울 수 없었던 사마리아 여인처럼, 우리의 영혼 또한 무엇엔가 늘 목마릅니다. 타는 목마름, 그것은 이 세상의 그 무엇으로 채우려 해도 결코 채워지지 않습니다.

그럼에도 여전히 채워지지 않는 그 목마름을 해소하기 위해 욕망의 우물가에 나와 끝없이 헛된 두레박질을 하고 있는 가엾은 우리를 향하여, 다윗은 보란 듯이 기쁨의 노래를 부릅니다.

"내 잔이 넘치나이다."

모두가 부족하다고 외치는 세상 속에서 홀로 넘친다고 외치는 이 사람, 다윗의 모습을 바라보십시오.

오늘 삶에 지치고 피곤한 당신이라면, 다윗이 부르는 행복한 그 노래에 잠시 귀를 기울여보지 않으시겠습니까?

이 책에 실린 글들은 2016년 10월부터 2017년 1월까지 밴쿠버 제일장로교회의 토요새벽기도회와 주일예배 시간을 통해 선포된 설교말씀을 한데 모은 것입니다. 당초 6회에서 10회 정도로 예상했던 것인데 이렇게 14회까지 이어졌습니다.

사실 설교를 준비하기 위해 책상 앞에 앉을 때마다 저의 부족함

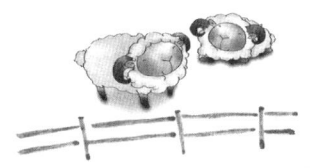

으로 인해 언제나 어려움과 두려움이 거대한 산처럼 다가옵니다. 그럼에도 이 설교를 모두 끝내고, 또 이렇게 책으로 만들어질 수 있는 것은, 저의 마음을 감동시키시고, 저의 손을 친히 움직여주시는 성령님의 능력 때문이었음을 고백합니다. 그래서 설교를 준비하는 그 시간은 언제나 저에게 고통의 시간이었지만, 한편으로 그 고통 속에는 말할 수 없는 기쁨이 공존하는 은혜의 시간이기도 했습니다.

　이 책의 출간을 위해 함께 기도해주시고 여러모로 애써주신 밴쿠버 제일장로교회, 그리고 특별히 이승록 장로님께 감사의 말씀을 전합니다.

　아무쪼록 부족한 이 책이, 오늘 삶에 지친 사람들을 푸른 초장과 잔잔한 물가로 인도하는 작은 길잡이가 되었으면 하는 바람입니다.

　여호와 하나님의 참된 안식 안에서, 다윗처럼 이 노래를 부르는 진정 행복한 여러분의 모습을 그리며……

2017년 여름 밴쿠버에서
이종구

목차 Contents

■ 머리말 • 002

009 여호와 나의 목자

021 나는 부족함이 없어라

032 안식을 원하는 당신을 위하여

043 안녕하십니까, 행복하십니까?

055 뒤집혀진 양같이

067 당신이 걸어가는 길은

079 죽음의 골짜기를 지날 때

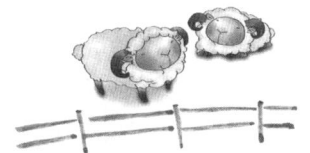

092 믿음과 기적 사이

105 하늘의 북소리를 듣습니까?

116 성령의 기름부음으로

129 내 잔이 넘칠 때

140 복의 흔적을 남기는 사람은

151 나그네 길을 걸어가는 당신에게

162 생활 속에서 - 시편 23편

시편 23편

여호와는 나의 목자시니 내가 부족함이 없으리로다
그가 나를 푸른 초장에 누이시며 쉴 만한 물가로 인도하시는도다
내 영혼을 소생시키시고 자기 이름을 위하여 의의 길로 인도하시는도다
내가 사망의 음침한 골짜기로 다닐지라도 해를 두려워하지 않을 것은
주께서 나와 함께 하심이라 주의 지팡이와 막대기가 나를 안위하시나이다
주께서 내 원수의 목전에서 내게 상을 베푸시고 기름으로 내 머리에 바르셨으니
내 잔이 넘치나이다
나의 평생에 선하심과 인자하심이 정녕 나를 따르리니
내가 여호와의 집에 영원히 거하리로다

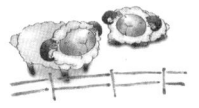

여호와 나의 목자

"여호와는 나의 목자시니 내가 부족함이 없으리로다"(시 23:1).

대부분의 그리스도인들은 성경 가운데 특별히 좋아하는 구절이 있습니다. 그리고 그런 구절을 대개 암송까지 합니다. 그중에 대표적인 것이 바로 시편 23편입니다.

시편 23편이야말로 많은 그리스도인들이 특별히 좋아하는 성경 말씀입니다. 모든 시편 가운데에서도 가장 아름답고 서정적인 시입니다. 그래서 지난 시간 동안 많은 그리스도인들이 애송해왔습니다. 그런가 하면 성가곡이나 복음성가로도 만들어져 널리 불리며 사람들에게 큰 감동을 전해주고 있습니다. 비록 여섯 절에 불과한 짧은 시편이지만, 이 시편이 오랜 시간과 공간을 넘어 오늘날에 이르기까지 여전히 수많은 사람들에게 전해준 감동은 말로 다 형언할 수 없습니다.

비록 3천여 년 전에 기록된 시입니다만, 지금도 여전히 고난 당하는 사람들에게, 병상에 있는 사람들에게, 그리고 절망에 빠진 사람들에게 실로 큰 위로와 소망을 주고 있습니다. 특히 이 시편은 임종 직전에 있는 사람들에게 가장 큰 위로와 은혜를 끼치는 것으로 알려지고 있습니다.

로데스(Rodes)라는 분은 이 시편을 일컬어 "지상 최대의 시"라고 했으며, 설교의 황태자라는 칭송을 받는 영국의 스펄전(Charles H Spurgeon, 1834-1892) 목사는 "다윗의 시편 23편이야말로 시편의 진주다"라고 외쳤습니다. 그런가 하면 영국의 마이어(F.B.Meyer) 목사님은 시편 23편에 대해 이렇게 말했습니다.

"시편 23편은 사막의 오아시스이며, 험한 등산길에 있는 휴게소이고, 타는 듯한 한낮의 시원한 동굴이며, 고요하고 신성한 묵상을 할 수 있는 정자이다. 시편 23편은 성경의 성전 가운데서 가장 거룩한 곳, 곧 지성소이며 곤비하고 쉼이 없고 무거운 짐 진 인생들의 평온한 안식처이다."

그렇습니다. 그 누구라도 이분들의 말씀에 동의하지 않을 사람은 아마 한 사람도 없을 것입니다.

살아보니 인생이 정말 고달프지 않습니까? 오죽했으면 옛 선인들께서 인생을 일컬어 고해(苦海)라고 했겠습니까? 이렇듯 고달픈 인생을 살아가는 오늘 우리들에게 다윗의 시편 23편이야말로 진정한 위로와 영혼의 안식을 허락해주는 귀중한 말씀이 아닐 수 없습니다.

오늘 삶의 모진 고난 속에서 아픔을 당하는 당신, 이제 모든 무거운 짐들을 다 내려놓고, 우리 모두 함께 다윗의 하나님, 그리고 우리의 하나님께서 손짓하시는 저 푸른 초장, 쉴 만한 물가로 나아가 참된 평안과 안식을 누리지 않으시렵니까? 다윗은 시편 23편 1절에서 이렇게 노래합니다.

"여호와는 나의 목자시니."

오늘 본문에서 다윗은 여호와 하나님이 자신의 목자이심을 먼저 전제합니다. 그러면 여기서 다윗의 존재는 무엇입니까? 그것은 양입니다. 다윗은 목자이신 하나님 앞에 한 마리 양의 모습으로 서 있는 것입니다. 그러면 이 구절은 풀이하면 이런 뜻입니다.
'여호와는 나의 목자이시며 나는 한 마리 양입니다.'
우리는 시편 23편을 묵상할 때, 이 시를 흔히 목가적이며 서정적인 시로만 이해하려고 합니다. 물론 목자와 양, 푸른 초장, 쉴 만한 물가 등 이런 단어들이 주는 뉘앙스는 독자를 쉽게 그런 분위기 속으로 이끌어가기에 충분합니다. 그래서 시편 23편을 좋아하는 대부분의 그리스도인 또한 바로 그런 단어들이 주는 서정적인 분위기, 다시 말해 시의 아름다운 언어와 부드러운 운률 때문에 끌리는 경우가 대부분입니다.
우리가 다윗의 시편 23편을 묵상하고자 하는 이유는, 이 시편은 시적 언어나 운율이 아름답고 서정적이기도 하지만, 내용상으로도 다른 어떤 시편이나 다른 성경 구절에 비해 한없는 은혜를 전해주고 있기 때문입니다.

　오늘 본문 말씀을 온전히 이해하기 위해서는 먼저 양의 습성부터 알아야 합니다. 양은 흔히 온순한 동물로만 알려져 있습니다. 물론 양은 온순한 동물입니다. 온순하다 못해 연약한 동물입니다. 그런가 하면 양은 가장 지혜롭지 못한 동물이기도 합니다. 양은 시력이 몹시 나쁩니다. 따라서 자기가 갔던 길을 되돌아 올 줄 모릅니다. 그래서 위험한 골짜기나 사나운 짐승을 만날 때에도 절대 피할 줄 모릅니다. 또 양은 자기가 즐겨 풀을 뜯던 초원조차 기억하지 못합니다.
　이처럼 양은 혼자 힘으로는 도저히 살아갈 수 없는 동물입니다. 양은 우매할 뿐만 아니라 사나운 동물로부터 스스로를 방어할 수단이 전혀 없는 연약한 존재이기 때문에 목자의 전적인 보호와 인도가 필요합니다. 설령 양이 쉴 만한 물가, 푸른 초장에 있다 해도 목자가 없다면 양은 방향을 잃고 유리(流離)하다가, 결국은 골짜기에서 떨어져 죽거나 아니면 사나운 짐승의 밥이 되고 말 것입니다.

　우리는 흔히 착하고 온순한 사람을 가리켜 양과 같은 사람이라고 합니다. 그런데 이렇게 말하면, 사실 그것은 그 사람에 대한 칭찬이 아니라 욕입니다. 여러분, 앞으로는 절대 그 누구에게라도 양 같은 사람이라고 비유하지 마세요.
　그런데 다윗은 지금 자신을 한 마리의 양에 비유하고 있습니다. 그리고 여호와 하나님을 자신의 목자라고 고백하고 있습니다. 양치기 목동 출신인 다윗은 양의 습성에 대해 누구보다 잘 알고 있었습니다.

그럼에도 그는 스스로를 연약하고 우매한 양에 비유하고 있는 것입니다. 이것이야말로 진정한 겸손이 아니겠습니까?

더구나 시편 23편을 기록할 당시 다윗은 이미 왕의 자리에 앉아 있을 때입니다. 그렇다면 그는 절대권력을 휘두르며 천하를 호령할 때입니다. 그런가 하면 온갖 산해진미(山海珍味)로 호의호식(好衣好食)하며 부귀영화를 마음껏 누리던 때입니다. 그야말로 세상에 부족한 것이 전혀 없는 사람이었습니다. 그런데 다윗은 자신을 연약하고 우매한 한 마리 양에 비유하며 선한 목자 되신 여호와 하나님의 인도하심만을 바라는 것입니다.

이 시가 다윗이 양치기 목동 시절을 생각하며 쓴 것이라고 생각하는 것은 그 누구에게도 그리 어려운 일이 아닐 것입니다. 다윗은 자신이 왕이 된 이후에도, 지난날 양치기 목동 시절을 결코 잊을 수가 없었습니다. 예기치 않게 다가오는 거친 폭풍우 속에서도 자신을 지켜주셨던 하나님, 사나운 곰이나 늑대들로부터 자신의 생명과 양떼들의 안전을 지켜주셨던 하나님, 그분의 은혜를 결코 잊을 수가 없었습니다.

다윗에게 있어서 양치기 목동 시절은 언제나 여호와 하나님과의 친밀한 교제의 시간이었습니다. 아름답고 드넓은 초원 위에서 하나님께 기도드리며 찬양하는가 하면, 밤이면 돌베개를 베고 누운 채 수많은 밤 하늘의 반짝이는 별들을 바라보며 여호와 하나님을 묵상했던 그 옛날 양치기 목동 시절을, 그는 화려한 왕궁에서도 결코 잊을 수가 없었습니다. 다윗에게 있어서 양치기 목동 시절이야말로 그의 인생에서 가장 아름답고 충만했던 시간이었습니다. 그 시간이야말로

여호와 나의 목자

진정 하나님만을 온전히 예배했던 시간이었기 때문입니다.

그러니 다윗은 단 한 번도 자신이 왕이 된 것을 자랑한 적이 없습니다. 그리고 왕이 되었기에 하나님을 잊은 적도 없었습니다. 그는 화려한 왕궁에서도 언제나 여호와 하나님만을 기억했던 것입니다. 그리고 오직 그분의 인도하심만을 바랐던 것입니다.

특별히 오늘 본문에서 다윗이 하나님의 이름인 여호와를 부르고 있음을 유의해봅니다. 구약시대에 하나님을 부를 때 여러 가지 이름으로 불렀습니다. 엘로힘(전능하신 하나님), 여호와 체바호트(만군의 하나님), 엘올람(영원하신 하나님), 엘로이(감찰하시는 하나님) 등 수십 가지의 이름으로 불렀습니다. 그런데 다윗은 이 시편에서 하나님의 이름을 여호와라고 칭합니다. 여호와란 야웨, 또는 야훼라는 말로 하나님께서 모세에게 직접 자신을 밝히신 이름입니다.

> "하나님이 또 모세에게 이르시되 너는 이스라엘 자손에게 이같이 이르기를 나를 너희에게 보내신 이는 너희 조상의 하나님 곧 아브라함의 하나님, 이삭의 하나님, 야곱의 하나님 여호와라 하라 이는 나의 영원한 이름이요 대대로 기억할 나의 표호니라"(출 3:15).

하나님의 여러 표호 중에서 다윗이 오늘 본문에서 여호와라는 표호를 사용한 것은, 스스로 존재하는 자, 과거에도 계시고 현재도 계시고, 또 미래에도 영원토록 계시는 완전하고 영원무궁하신 하나님의 존재를 나타낸 것입니다. 다윗은 하나님께서 친히 가르쳐 주신 이름인 여호와를 부르고 있는 것입니다.

오늘 본문을 묵상하던 가운데 갑자기 김춘수 시인의 '꽃'이라는 시가 생각났습니다.

"내가 그의 이름을 불러주기 전에는
그는 다만
하나의 몸짓에 지나지 않았다
내가 그의 이름을 불러주었을 때
그는 나에게로 와서
꽃이 되었다"(후략)

시인은 나와 너라는 두 존재가 상호 인식을 통해 의미 있는 것, 또는 인간 존재의 본질과 가치를 확인할 수 있다는 진리를 시적 언어로 형상화시키고 있습니다.

다윗은 여호와라는 이름을 부름으로써 자신과 하나님의 관계를 양과 목자라는 두 존재의 합일(合一)을 통해 자기 실존의 완전한 회복과 더불어, 하나님을 오직 하나님 되게 하는 거룩한 예배를 올려 드리는 것입니다.

이처럼 절대권력을 거머쥔 한 나라의 왕이면서도 오히려 연약하고 우매한 한 마리 양이 되기를 바랐던 다윗, 이런 사람에게 하나님은 이렇게 말씀하시는 것입니다.

"내가 이새의 아들 다윗을 만나니 내 마음에 합한 사람이라 내 뜻을 다 이루게 하리라"(행 13:22).

하나님은 지금도, 여전히 이렇게 겸손한 믿음의 사람을 찾고 계십니다. 사람은 자신의 신분에 갑자기 큰 변화가 찾아오면 대부분은 쉽게 변하는 것을 볼 수 있습니다. 이것이 인간의 일반적인 성정입니다.

그렇다면 생각해보십시오. 다윗은 천한 양치기 목동 출신으로 어느 날 왕이 되었습니다. 이것이야말로 상상할 수조차 없는 대단한 신분 상승입니다. 가장 낮은 곳에서 가장 높은 곳까지 한 번에 도달했습니다. 그렇다면 그가 쉽게 교만해질 것은 불을 보듯 뻔합니다. 그럼에도 불구하고 다윗은 전혀 변하지 않았습니다.

바로 여호와 하나님, 다시 말해 지난날 푸른 초장 양떼 가운데서 그가 만난 하나님은 화려한 구중궁궐 안에서도 여전히 동일하신 하나님이었습니다. 그 하나님은 바로 선한 목자 되신 하나님이었습니다. 그리고 다윗은 목자 되신 하나님 앞에서 언제나 한 마리 겸손한 양의 모습으로 서 있는 것입니다.

"여호와는 나의 목자시니."

한 신사가 휴일을 즐기러 시골에 갔다가 양떼를 돌보는 소년을 만났습니다. 그 신사는 소년과 말을 주고 받게 되었습니다. 그러면서 신사는 소년에게 시편 23편을 아느냐고 물어보았습니다. 소년은 모른다고 말했습니다. 그러자 신사는 이렇게 말했습니다.

"그럼 내가 네게 시편 23편의 첫 구절을 가르쳐 줄게. 나를 따라서 'The Lord is my shepherd'라고 해봐."

소년은 그 말을 그대로 따라 했습니다.

"이제 각자의 낱말을 반복하면서 손가락을 하나씩 세어 보렴."

그 신사는 각각의 낱말을 발음할 때마다 자기 손가락을 하나씩 꼽았습니다. 그러고 나서 "'My'라는 말에 가서는 너의 넷째 손가락을 다른 손으로 꼭 쥐려무나. 그리고 꼭 이 말을 잊지 말고 기억해 두거라. 주님은 우리들의 목자이실 뿐만 아니라 너의 목자이시기도 하단다"라고 말했습니다. 신사는 이 말을 한 후 소년과 헤어졌습니다.

그해 겨울 그 지방에는 무척 많은 눈이 내렸습니다. 그러던 어느 날 양떼를 데리고 나갔던 소년이 양떼와 함께 실종되었습니다. 사람들은 그 소년을 찾아 산 속을 수색하다가 눈 속에서 그 소년을 발견했습니다. 눈 속에 파묻혀 죽은 양떼들을 한참 꺼내다 보니 죽은 소년의 시체가 발견되었습니다. 그런데 소년은 자신의 왼쪽 네 번째 손가락을 오른손으로 꼭 쥐고 있습니다. 어린 소년은 차가운 눈 속에서 죽어 가는 그 순간까지 여호와 하나님이 자기의 목자이심을 믿었던 것입니다. "The Lord is My Shepherd!"

오늘 여러분은 삶에 만족하십니까? 그래서 행복한 삶을 누리고 계십니까? 만약 만족할 수 없다면, 그래서 행복하지 못하다면, 그것은 무엇 때문입니까? 아마 모르긴 몰라도 그것은 여러분의 심령 속에 여호와 하나님을 여러분의 진정한 목자로 모셔 들이지 못했기 때문임이 틀림없습니다.

이사야 선지자는 이렇게 말합니다.

"우리는 다 양 같아서 그릇 행하여 각기 제 길로 갔거늘 여호와께서는 우리 무리의 죄악을 그에게 담당시키셨도다"(사 53:6).

왜 우리의 삶이 힘듭니까? 내 길로 가려고 하니까 문제가 생기는 것입니다. 그 길에서 내가 하려고 하니까 힘든 것입니다. 다시 말해 양 같은 연약하고 우매한 우리가 혼자 모든 것을 다 이루려고 하니 힘든 것입니다. 쉽게 지치는 것입니다. 결코 할 수 없는 것입니다.

그 길은 바로 죄악의 길입니다. 그 길에서 멸망에 빠져 들어가는 우리를 위해 여호와 하나님께서 스스로 인간의 몸을 입고 이 땅에 성육신하셨습니다. 그분이 예수 그리스도입니다. 우리의 목자가 되기 위해 스스로 하늘 보좌를 버리고 이 낮은 땅 위에 오신 분, 예수 그리스도께서 이렇게 말씀하십니다.

"나는 선한 목자라 선한 목자는 양들을 위하여 목숨을 버리거니와" (요 10:11).

어느 누가 여러분을 위해 자기 목숨을 버릴 수 있습니까? 그런데 그분께서는 그렇게 하셨습니다. 바로 선한 목자 되신 예수 그리스도께서요. 길 잃은 양 같은 우리에게 바른 길을 인도하기 위해서, 지치고 피곤한 우리에게 안식을 주기 위해서 그렇게 하신 것입니다. 또한 절망에 빠진 우리에게 소망을 주기 위해서, 파멸에 빠질 우리에게 영원한 생명을 주시기 위해서입니다.

"여호와는 나의 목자시니."

여호와 하나님, 그 이름을 부릅시다. 오직 우리의 목자 되신 여호와 하나님, 그분의 이름을 부를 때 하나님은 비로소 우리의 부름에 기쁘게 응답하실 것입니다.

평생 애쓰고 노력하고 땀 흘려도 결코 자기 인생에 만족할 수 없습니다. 다시 말해 자신의 노력과 자신의 가치로 모든 것을 이루려는 자는 결코 아무것도 이룰 수 없다는 것입니다. 그것이야말로 한 마리 양이 스스로 목자인 척하며 여기저기 제멋대로 위험한 길을 다니는 것과 다를 바 없습니다. 그렇다면 이것이야말로 지독한 교만이 아니겠습니까?

나의 자아를 버립시다. 나의 아집을 버립시다. 나의 욕심을 버립시다. 이기적인 나를 버립시다. 교만한 나를 버립시다. 그리고 겸손히 선한 목자 되신 여호와 하나님의 이름을 부릅시다.

우리의 불행은 목자 되신 하나님을 떠나 제 뜻대로 제 멋대로 살아가려는 데 있습니다. 우매하고 연약한 양 같은 우리가 잘난 척하며 교만하게 살아가려니 힘들고 지칠 수밖에 없습니다. 하나님 앞에 나의 우매함과 연약함을 솔직히 인정하고 그분의 인도하심을 따를 때 비로소 우리 인생은 참 행복할 수 있습니다.

우리 모두 여호와 하나님을 우리의 목자로 모셔 들입시다. 그것은 다른 말로 우리 모두 양이 되어야 한다는 것입니다. 양이 된다는 것은 먼저 내가 우매한 존재임을 깨닫는 것입니다. 내가 연약한 존재임을 깨닫는 것입니다. 그래서 내 인생에서 누군가의 절대적인 도움이 필요함을 느낄 때, 비로소 우리는 선한 목자 되신 전능하신 하나님을 바라볼 수 있습니다.

"여호와는 나의 목자시니."

기/도/문

지금까지 우리는 힘든 인생을 살아왔습니다. 평생 수고하고 애써도 만족한 것이 없었습니다. 그야말로 다람쥐 쳇바퀴 같은 허망한 짓거리에 불과했습니다. 모든 것을 내가 하려고 했기 때문입니다. 연약하고 우매한 양 같은 우리가 목자 되신 하나님을 의뢰하지 않고 스스로가 목자 되어 살아왔기 때문입니다.
여호와 하나님!
그 귀한 이름을 불러봅니다. 그리고 이제부터는 그 하나님을 우리의 목자로 삼아 그 인도하심만을 따르기 원합니다.
우리가 양 같은 존재임을 일깨워 주시옵소서. 양 같은 연약하고 우매한 존재임을 깨우쳐 주시옵소서. 목자 되신 주님 앞에 겸손히 나아갈 수 있도록 허락해 주시옵소서.
"여호와는 나의 목자시니!"
다윗의 이 고백이 또한 우리의 고백이 되게 하여 주시옵소서. 아멘.

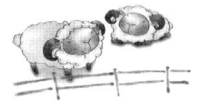

나는 부족함이 없어라

"여호와는 나의 목자시니 내가 부족함이 없으리로다"(시 23:1).

그리스도인들은 매일 하나님께 기도를 드립니다. 그러면 우리의 그 기도를 들으시는 하나님께서는 어떠실까요? 기뻐하실까요? 아니면 짜증이 나실까요? 우리의 기도를 들으시는 하나님은 아마 짜증이 나실 것입니다.

왜 그런 줄 아십니까? 허구한 날 달라고만 하니까요. 매일 주시고, 또 주시고, 넘치도록 그렇게 주시는데도 불구하고 여전히 부족하다며 달라고만 하니, 그렇게 주시는 하나님인들 어찌 짜증이 나지 않으시겠습니까? 물론 우스갯소리입니다. 우리 그리스도인들의 모습을 빗대어 말씀드린 것입니다.

스스로의 기도를 돌이켜보시기 바랍니다. 솔직히 우리의 기도 대부분은 그저 달라는 것 아닙니까? "이것 주십시오. 저것 주십시오. 그리고 그것도 주십시오." 뭐가 부족하여 허구한 날 그리 달라고만 하는 것인지요.

인간의 욕망은 끝이 없는 것 같습니다. 눈만 뜨면 부족한 것뿐입니다. 가져도 가져도 만족이 없습니다. 그러니 마음에 평안이 찾아올 리 만무(萬無)하지요. 그래서 근심과 걱정이 끊이지 않습니다. 불평과 불만 속에 살아갑니다.

하늘이 무너져내리고 땅이 꺼질 일이라도 있는 것입니까? 무엇 때문에 그리 아등바등 살아야 하는 것입니까?

그런데 여기 이런 사람이 있습니다. 바로 이렇게 고백하는 사람입니다.

"내가 부족함이 없으리로다"(시 23:1).

바로 다윗입니다. 모두가 부족하다고 근심하고 걱정하는데 홀로 부족함이 없다고 노래하는 사람, 그래서 모든 것에 만족하는 사람, 진정 행복한 사람입니다.

그러면 그는 무엇 때문에 행복할까요? 한 나라의 절대권력을 손아귀에 넣은 왕이기 때문일까요? 아니면 부귀영화를 마음껏 누리고 있기 때문일까요?

아닙니다. 다윗은 결코 세상 속에서 만족을 찾은 적이 단 한 번도 없었습니다. 세상에서 누릴 수 있는 최고의 자리에 올랐지만, 그럼에도 불구하고 그는 그 자리에 만족한 적이 없다는 것입니다. 또한 그는 무엇을 소유함으로 인해 만족한 적도 없습니다. 그것은 그가 어릴 적 양치기 목동 때나, 또는 왕이 된 이후에나 마찬가지였습니다.

그가 이처럼 부족하지 않았던 이유는 단 하나, 오직 목자 되신 여호와 하나님 때문이었습니다. 다윗은 과거나 현재나, 그리고 자신의 영원한 미래까지도 책임져주실 여호와 하나님 한 분만으로 만족할 수 있는 것입니다. 언제나 넘치도록 부어주시는 하나님의 은혜로 인하여 부족한 것이 전혀 없는 것입니다.

생각해 보십시오. 천지를 창조하신 하나님, 그분을 자기 목자로 삼고 있다면 그 누구라도 어찌 만족하지 않을 수 있으며, 또 무엇이 부족하겠습니까?

오늘 여러분의 근심 걱정은 무엇입니까? 그리고 무엇이 부족합니까? 그 무엇도 부족함이 없다고 노래하는 사람, 다윗은 어쩌면 우리보다 더 많은 시련과 고난을 겪었던 사람입니다. 그는 블레셋과의 전쟁을 비롯해 모압, 소바, 하맛, 에돔 등 수많은 나라들과 전쟁을 치렀습니다. 사울 왕의 집요한 살해 위협으로 오랜 시간 동안 쫓겨다녔습니다. 이웃 나라에 피신했다가 죽을 위협에 처하자 미친 척하면서 도망쳐 나오기도 했습니다. 그런가 하면 아들 압살롬의 반역으로 인해 궁을 쫓겨나 생명의 위협 속에 온갖 고난을 당했습니다.

아마 다윗처럼 많은 고난을 당한 사람도 별로 없을 것입니다. 그런데 그가 지금 부족함이 없다고 노래하고 있는 것입니다. 다윗은 무슨 일을 만나도 오직 여호와 하나님만을 의지하였습니다. 그리하여 그에

나는 부족함이 없어라

게는 어떤 두려움도, 근심 걱정도 머물러 있을 수 없었습니다.

다윗에게 있어 모든 것은 오직 목자 되신 여호와 하나님께서 이루어주셨기 때문입니다. 이처럼 믿음의 사람들은 언제나 하나님 한 분만을 의지함으로 언제, 어떤 경우에서라도 부족함이 없는 것입니다. 우리가 잘 아는 사도 바울 또한 누구보다 많은 고난을 당한 사람입니다. 그런데 그 또한 부족함이 없는 사람입니다. 바울은 로마서에서 이렇게 말합니다.

"다만 이뿐 아니라 우리가 환난 중에도 즐거워하나니 이는 환난은 인내를, 인내는 연단을, 연단은 소망을 이루는 줄 앎이로다"(롬 5:3-4).

환난 중에 어떻게 즐거워할 수 있습니까? 우리의 상식으로는 이해가 되지 않습니다. 그러나 바울은 그 환난이 인내와 연단을 거쳐 결국은 소망으로 이끌어주는 것임을 예수 그리스도 안에서 몸소 체험했습니다.

그렇습니다. 주님 안에 있는 사람, 다시 말해 목자 되신 하나님 앞에 한 마리 양의 모습으로 서 있는 사람만이 환난 중에 즐거워할 수 있습니다.

우리는 흔히 세상 속에서 만족을 찾으려고 합니다. 다시 말해 소유 속에서 만족을 누리려고 하는 것입니다. 세상 사람들이 최고의 가치로 추구하는 것이 무엇입니까? 뭐니 뭐니 해도 Money가 최고 아닙니까? 세상의 법칙에서는 틀리지 않을지 모릅니다. 돈의 가치가 큰 것은 사실이니까요. 돈 있으면 안 되는 일이 거의 없잖아요. 그러니 모두 돈에 혈안이 되어 있는 것 아닙니까?

그러니 많은 사람들은 아마 이렇게 노래할 것입니다. "돈은 나의 목자시니 내게 부족함이 없으리로다!" 문제는 돈이 자신의 인생을 만족시켜 줄 수 있을 것으로 착각하고 있다는 것이죠.

그러나 우리는 기억하지 않으면 안 됩니다. 인간은 영적 동물입니다. 따라서 영적인 문제의 해결 없이는 영적인 만족이 없고, 영적인 만족이 없으면 그 누구일지라도 결코 영원한 육신의 만족을 누릴 수 없습니다. 따라서 그는 설령 세상 모든 것을 소유한다 할지라도 여전히 부족할 수밖에 없습니다. 그리고 그런 사람이 날마다 근심과 걱정, 고통 속에 살아갈 수밖에 없는 것은 당연한 일입니다. 자기 삶에 만족할 수 없는 사람에게 어찌 소망이 있겠습니까? 그리고 소망 없는 사람의 삶이 어찌 가치 있는 삶일 수 있겠습니까?

그런데 여호와 하나님을 자신의 목자로 선택한 사람, 다윗은 지금 부족함이 없다는 것입니다. 그 모든 것을 하나님께서 책임져 주실 것을 믿기 때문입니다.

그리스도인이란 누구입니까? 바로 하나님을 자신의 목자로 선택한 사람입니다. 따라서 그는 부족함이 전혀 없는 사람입니다. 그런데 왜 부족하다고 하는 것입니까? 무엇 때문에 걱정하십니까?

주님은 말씀하십니다.

"공중의 새를 보라 심지도 않고 거두지도 않고 창고에 모아들이지도 아니하되 너희 천부께서 기르시나니 너희는 이것들보다 귀하지 아니하냐 너희 중에 누가 염려함으로 그 키를 한 자라도 더할 수 있겠느냐 또 너희가 어찌 의복을 위하여 염려하느냐 들의 백합화가 어떻게 자라는가 생각하여 보라 수고도 아니하고 길쌈도 아니하느니라 그러나 내가 너희에게 말하노니 솔로몬의 모든 영광으로도 입은 것이 이 꽃 하나만 같지 못하였느니라 오늘 있다가 내일 아궁이에 던지우는 들풀도 하나님이 이렇게 입히시거든 하물며 너희일까 보냐 믿음이 적은 자들아"(마 6:26-30).

인간이 어찌 까마귀나 백합화와 비교될 수 있겠습니까? 주님은 여전히 세상의 근심 걱정 속에서 소망을 잃고 살아가는 가련한 우리를 위해 까마귀와 들꽃에 비유하여 쉬운 말씀으로 교훈하고 있습니다.

공중 나는 까마귀조차 친히 기르시는 분, 그리고 들의 백합화조차 손수 가꾸시는 분이신 하나님께서 당신의 형상대로 거룩하게 창조한 인간들인데, 어찌 우리의 필요를 채워 주지 않으시겠습니까?

한마디로 우리의 먹고 마시고 입을 것들, 다시 말해 삶에 필요한 모든 것들은 우리의 걱정거리가 아니라는 것입니다. 그것은 하나님께서 하실 일이라는 것입니다.

그러면 우리가 해야 할 일은 무엇입니까? 주님은 다시 말씀하십니다.

"너희는 먼저 그의 나라와 그의 의를 구하라 그리하면 이 모든 것을 너희에게 더하시리라"(마 6:33).

주님은 우리가 마땅히 해야 할 일과 하나님께서 하셔야 할 일을 구별하고 있는 것입니다. 그런데 하나님께서 하셔야 할 일들을 왜 우리가 하려고 걱정하는 것입니까? 이것이야말로 지독한 교만이며 무익한 일입니다.

하나님이 하실 일은 하나님께 맡기고, 우리가 해야 할 일은 우리가 해야 함이 마땅합니다. 그래서 그 모든 것을 하나님께 의뢰하고 오직 자기가 해야 할 일에 최선을 다하는 사람인 다윗은 시편 8편에서 이렇게 노래하는 것입니다.

"여호와 우리 주여 주의 이름이 온 땅에 어찌 그리 아름다운지요"
(시 8:9).

이는 여호와를 자신의 목자로 선택한 사람, 그래서 부족함이 전혀 없는 사람의 신실한 노래입니다. 이것이야말로 주님께 대한 최고의 찬사요, 최선의 사랑이 아닐까요? 이런 믿음의 사람인 다윗의 이름 또한 얼마나 아릅답습니까?

그렇습니다. 주의 이름이 아름답다고 노래할 수 있는 사람을 향해 하나님께서는 "내 마음에 합한 사람"이라고 말씀하시는 것입니다.

주님을 믿는다고 하면서도 그리스도인이 왜 세상에 빠지는지 아십니까? 그것은 바로 세상의 이름이 아름답게 느껴지기 때문입니다. 주의 이름보다 세상의 이름이 더 아름다우니 세상에 빠지는 것은 당연한 이치지요. 그래서 그는 매일 세상 속에 빠져 그저 세상의 이름만 부르는 것입니다.

젊은 남녀들이 어떻게 사랑에 빠집니까? 바로 그의 이름이 사랑스럽기 때문입니다. 그래서 사랑에 빠진 사람은 언제라도 사랑하는 사람의 그 이름을 부르며, 아름답다고 노래하는 것입니다.

여러분, 잠시 돌이켜보십시오. 여러분이 사랑할 때, 사랑하는 그 사람의 이름이 얼마나 아름다웠습니까? 세상에서 가장 아름답지 않았습니까? 다윗은 지금 그와 같이 아름다운 주의 이름을 부르고 있는 것입니다.

사랑하는 교우 여러분! 오늘 평안하십니까? 아니면 평안하지 못하십니까? 만약 평안하지 못하시다면 그것은 바로 주의 이름 대신 세상의 이름을 아름답다고 부르고 있기 때문입니다. 세상의 이름은 그 무엇일지라도 결코 우리에게 평안을 가져다 줄 수 없습니다.

주님은 이처럼 평안이 없는 우리를 위해 이 땅에 오셨습니다. 그러므로 부활하신 예수 그리스도께서 제자들에게 나타나 이렇게 외치십니다.

"너희에게 평강이 있을지어다!"(요 20:21).

평강을 잊어버린 자들, 다시 말해 온갖 인생의 문제 속에서 삶의 의욕을 잃어버리고 방황하고 있는 제자들에게 예수님께서 가장 먼저 하신 말씀은 바로 평강이었습니다. 주님은 문제 많은 세상 속에서 평강을 잃어버리고 근심과 걱정, 그리고 고통 속에 살아가고 있는 우리를 위해 이 땅에 오셨습니다.

지금 자신의 삶에 만족할 수 없습니까? 그렇다면 평화의 왕으로 오신 예수 그리스도, 그분께로 나아가십시오. 그리고 그분을 여러분의 목자로 맞아들이십시오. 바로 목자 되신 주님께서 여러분을 진정한 평강의 세계로 인도하실 것입니다. 그 평강의 주님은 말씀하십니다.

"내가 곧 길이요 진리요 생명이니 나로 말미암지 않고는 아버지께로 올 자가 없느니라"(요 14:6).

그렇습니다. 예수님이 우리의 평강이 될 수 있는 이유는 바로 이런 이유 때문입니다.

첫째로, 그분은 우리의 참된 길이시기 때문입니다. 우리는 모두 양 같아서 바른 길을 갈 수 없습니다. 그러니 인생에서 바른 길을 찾지 못하고 방황하는 것입니다. 예수 그리스도, 그분은 길을 잃고 방황하는 우리를 바른 길로 인도하시는 선한 목자이십니다.

둘째로, 그분은 진리이기 때문입니다. 이 세상에는 진리 같이 보이나 진리가 아닌 오류가 너무 많습니다. 모두 양 같아서 영적 시력이 어두운 우리는 무엇이 진리인지, 또 무엇이 오류인지 잘 알 수 없습니다. 그러니 삶 속에서 수많은 시행착오를 겪는가 하면, 온갖 고난을 겪는 것입니다. 주님만이 유일한 진리입니다. 따라서 진리이신 주님이 우리의 목자라면 진정 우리는 그 진리 안에서 비로소 자유하게 될 것입니다.

셋째로, 그분은 우리의 생명이기 때문입니다. 그분은 자기 목숨을 버리시기까지 우리를 영원한 생명으로 인도하시는 분입니다. 그래서 주님은 이렇게 말씀하십니다.

"나는 선한 목자라 선한 목자는 양들을 위하여 목숨을 버리거니와"
(요 10:11).

당신의 목숨을 버리시기까지 우리를 사랑하시고 지켜주시는 선한 목자라면 어찌 우리의 모든 것을 끝까지 책임져주시지 않겠습니까? 또한 당신의 영원한 생명으로, 파멸에 떨어질 우리를 건져주지 않으시겠습니까?

아직도 부족함이 많습니까? 온갖 세상의 근심 걱정에서 벗어나지 못하고 있습니까? 여전히 피곤하고 참기 힘든 고난의 삶을 살고 있습니까? 그래서 목자 되신 하나님 앞에 나아가지 못하고 있습니까? 그렇다면 그것이야말로 바로 하나님께 향하려는 여러분의 두 눈을 가리는 우상입니다.

우리 앞의 우상을 타파합시다. 다른 종교, 다른 신들이 우상이 아닙니다. 바로 하나님을 가리는 세상의 모든 것들이 우상입니다. 누구라도 거대한 자기 앞의 우상을 타파할 때만이 비로소 살아 계신 하나님께 나아갈 수 있습니다.

그리고 목자 되신 그 하나님 앞에 나아가는 자, 그래서 그 하나님 앞에서 "여호와는 나의 목자"라고 고백할 수 있는 사람, 그는 결코 부족함이 없을 것입니다.

기/도/문

우리는 많은 문제 속에서 살아갑니다. 그 많은 문제들로 인해 삶에 만족하지 못하고 온갖 근심 걱정이 떠날 날이 없습니다. 무엇을 해도 만족이 없습니다. 그저 부족합니다.

이런 문제적 인간인 우리에게 참된 평강을 주시기 위해 예수 그리스도께서 이 땅에 오셨습니다. 십자가에 오르셨습니다. 그리고 그 십자가에서 우리의 모든 고난을 대신 담당하셨습니다. 그럼에도 삶의 평강을 누리지 못하고 부족함 속에서 여전히 근심 걱정에 빠져 있는 우리들에게 목자 되신 주님께서 손짓하십니다.

이제 우리의 모든 것을 다 내려놓고 주님께로 나아가기 원합니다. 세상의 모든 근심 걱정과 염려를 다 내려놓고 주님께로 나아가기 원합니다. 우리의 모든 삶의 문제를 다 내려놓고 주님 앞에 나아가기 원합니다. 주님만을 우리의 목자로 선택하기 원합니다. 목자 되신 주님 앞에서 진정 우매한 양의 모습으로 나아갈 때 우리의 모든 부족함을 넘치도록 채워주실 줄 믿습니다.

주님, 영원토록 우리의 선한 목자가 되어 주시옵소서. 아멘.

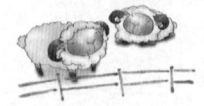

안식을 원하는 당신을 위하여

"그가 나를 푸른 초장에 누이시며 쉴 만한 물가으로 인도하시는도다"(시 23:2)

인간은 결코 세상의 문제에서 벗어날 수 없습니다. 왜냐하면 인간 존재 자체가 바로 문제 많은 세상 속에 이미 던져져 있고, 인간은 그런 문제적 세상을 살아갈 수밖에 없는 문제적 존재이기 때문입니다. 그러니 이렇듯 문제적 세상 속에서 살아가는 인간은 언제나 피곤하고 고달픕니다.

이런 현상을 우리는 고상한 말로 스트레스라고 부릅니다. 그리고 이 세상을 살아가며 이런 스트레스를 받지 않는 자는 아무도 없습니다. 그저 눈만 뜨면 온갖 스트레스가 우리를 무겁게 짓누릅니다. 돈 걱정, 집 걱정, 자식 걱정, 건강 걱정, 이런 걱정, 저런 걱정…… 그저 모든 것이 걱정이요 스트레스입니다. 도무지 평안이 없는 것입니다.

스트레스의 어원은 라틴어 Strictus 또는 Stringere라는 말에서 온 것으로 '팽팽한' 또는 '팽팽하다'는 의미를 가지고 있습니다. 이것은 마치 강력한 스프링이 곧 튕겨나갈 듯이 꽉 조여진 상태를 말합니다. 정신병리학자들은 이런 스트레스가 현대인의 여러 가지 병증을 유발하는 근본 원인이 된다고 말합니다. 스트레스는 이처럼 무서운 것입니다.

그러면 스트레스의 원인은 무엇입니까? 한마디로 말하면 스트레스는 바로 결핍, 다시 말해 부족함에서 찾아오는 것입니다. 모든 것에 만족할 수 있다면 누구라도 스트레스는 결코 느낄 수 없는 것이기 때문입니다.

맥스 루케이도(Max Rucado, 1955-) 목사님이 쓴 《목마름》이라는 책에 이런 이야기가 실려 있습니다.

> 스트레스 읍에서 북쪽으로 방향을 튼 다음, 걱정리를 동쪽에 두고 3-4km쯤 올라가십시오. 피로 계곡으로 통하는 갈림길에서 오른쪽으로 들어가면 탈진 마을 기진맥진 거리에 이릅니다. 주민들을 가만히 살펴보면 마을 이름에 걸맞게 살고 있음을 알 수 있습니다. 산골 동네를 전전하는 박물장수의 노새처럼 온갖 잡동사니들을 죄다 짊어지고 다닙니다. 항상 고개를 푹 숙이고 걷습니다. 얼굴에는 기쁨이 없고 어깨는 축 늘어졌습니다. 왜 그렇게 힘이 빠졌느냐고 물으면 자동차를 가리킵니다.

"댁도 저 차들을 밀고 다녀봐요. 십 분도 못 돼서 지쳐버릴 걸요?"
그러고 보니 다들 자동차를 밀고 다닙니다. 어깨를 대고 힘을 줍니다. 기운을 쓰느라 뻗댄 발에 흙이 밀립니다. 입에서는 거친 숨소리가 새어 나옵니다. 쉴 때조차도 좌석에 앉는 법이 없습니다. 트렁크에 걸터앉는 게 고작입니다. 어이가 없어 입이 다물어지지 않습니다. 이상하지 않습니까? 우스꽝스럽기 그지 없는 얘기입니다. 시동을 켜서 엔진을 돌린 뒤에 기어를 중립에 놓고 자동차를 밀고 가다니. 두 눈으로 똑똑히 본다 해도 믿기 어려울 것입니다.
아무나 붙들고 까닭을 물어 보기로 합니다. 젊은 엄마가 끙끙거리며 미니 밴을 쇼핑센터 주차장에 밀어넣고 있습니다.
"휘발유가 떨어졌나요?"
여자가 대답합니다. "아니요, 기름은 시동 걸 때만 써요."
괴상한 대답입니다. 하지만 바퀴가 열 여덟 개나 달린 자동차를 허덕허덕 밀고 올라가는 친구보다는 낫습니다. 얼마나 힘이 드는지 마치 뚱뚱한 마라토너처럼 숨을 몰아쉽니다.
"이렇게 큰 차를 언제나 밀고 다니세요?"
"그럼요." 산소 마스크를 뒤집어쓰며 그가 말합니다.
"엑셀레이터만 밟으면 될 걸 왜 그렇게 힘을 쓰죠?"
갑자기 그가 자기 팔뚝을 두드립니다.
"내가 누구요? 탈진마을의 운전사 아니요? 이 정도는 내 힘으로 충분히 끌 수 있다고요!"
사실은 뭐 그렇게 세게 보이지도 않습니다만, 그냥 입을 다뭅니다. 이상하다는 생각을 좀처럼 떨쳐버릴 수 없습니다.

'도대체 어떻게 된 사람들이지? 페달만 밟으면 저절로 굴러갈 텐데. 왜들 저러고 다니는지 모르겠어. 세상에 이런 이들이 또 있을까?'

맥스 루케이도는 우리 삶의 단면을 희화적(戲畵的)으로 묘사해 끝없는 스트레스 속에서 살아가는 우리 존재의 슬픈 현실을 일깨우고 있습니다.

스스로 무거운 차를 밀고 다니며 땀을 뻘뻘 흘리는 스트레스 읍 탈진마을의 운전사들은 결코 우화 속의 인물들이 아니요, 바로 오늘 이 땅을 살아가는 우리들의 처량한 모습입니다.

내 멋대로 살아가려니 힘이 듭니다. 내 생각대로 살아가려니 지독한 스트레스를 받습니다. 세상 속에서 삶의 만족을 찾으려고 하나 결코 찾을 수 없습니다. 그러니 스트레스입니다. 그럼에도 불구하고 스트레스라는 말이 너무 흔하고, 또 쉽게 이야기하다 보니 대수롭지 않게 생각하는 것이 우리의 일상입니다.

그러면 우리에게 진정한 안식은 없는 것입니까? 오늘 본문에서 다윗은 이렇게 노래합니다.

"그가 나를 푸른 초장에 누이시며 쉴 만한 물가로 인도하시는도다"(시 23:2).

선한 목자 되신 여호와 하나님 앞에 한 마리 양의 모습으로 서 있는 다윗은, 지금 그 목자를 따라 푸른 초장, 쉴 만한 물가로 인도되고 있음을 노래합니다. 목자가 인도하는 푸른 초장과 쉴 만한 물가, 그곳은 양들이 마음껏 풀을 뜯을 수 있고, 마음껏 물을 마실 수 있는 곳입니다. 그런가 하면 사나운 짐승을 피할 수 있는 안전한 곳입니다. 이런 곳에서 양들은 비로소 참된 안식을 취할 수 있습니다.

그런데 이런 푸른 초장, 쉴 만한 물가라면 양들뿐만 아니라 현대를 살아가는 사람들에게조차도 언제나 마음속에 그리는 꿈의 쉼터가 아닐까요? 이런 곳이라면 마음속에 기름 때처럼 잔뜩 쌓여 있는 온갖 삶의 스트레스가 모두 달아날 것입니다.

밴쿠버에는 푸른 초장과 쉴 만한 물가가 참 많습니다. 언제라도 집 밖으로 나가면 이런 장소를 흔히 만날 수 있어 참 좋은 곳에 살고 있다는 생각이 듭니다. 힘겨운 삶에 찌들고 바쁜 일상에 스트레스가 잔뜩 쌓여 있는 사람들에게 이런 곳이야말로 안식을 취하기에 좋은 곳입니다. 그래서 사람들은 휴가나 휴일이면 으레 푸른 초장, 쉴 만한 물가를 찾아 영혼의 안식을 추구합니다. 드넓은 푸른 초장이 싱싱하게 펼쳐져 있는 곳, 그 앞으로 유유히 흐르는 강물이 상쾌함을 더해 줍니다. 하늘은 높고 푸르릅니다. 온갖 아름다운 나무들이 싱그러움을 자랑하고 있습니다. 주위는 온통 푸른색입니다. 그리고 그런 푸른색들이 주는 평안함이 마음속을 가득 채웁니다. 그때 일상에서 가득 쌓였던 스트레스가 사라지고 비로소 마음에 평안이 찾아오는 것입니다.

저도 몸과 마음이 피곤할 때면, 가끔 이런 곳을 찾아 그동안 쌓인 온갖 스트레스를 풀며 영혼을 재충전하는 시간을 갖습니다. 잠시 이런 상상을 해보았습니다.

'만약 하나님께서 저 푸른 초장을 빨간색으로 창조하시고, 강물을 검정색으로, 그리고 하늘은 노란색으로 창조하셨다면 어찌 되었을까?' 만약 그렇게 하셨다면, 그 피곤한 원색으로 인한 엄청난 스트레스 때문에 사람들은 만나면 더욱 싸우고 욕하고 소리지를 것입니다. 아마 우리 모두 벌써 돌아버렸을 것입니다. 잠시의 상상이었지만 끔찍하더라구요. 이처럼 푸른 초장을 주시고, 푸른 하늘을 주시고, 푸른 강물과 푸른 호수를 주심으로 우리를 쉬게 하시는 하나님의 섭리와 그 은혜에 감사했습니다.

언젠가 병원에 MRI를 찍으러 간 적이 있습니다. 병원에 가는 것은 누구라도 기분이 유쾌하지 않습니다. 더구나 그런 검사를 받는 것은 더욱 그렇습니다. 검사실로 들어가 검사를 받기 위해 MRI 기기 위에 누웠습니다. 딱딱하고 차가운 금속의 느낌이 긴장된 온몸에 퍼지며 잠시 몸이 웅크러졌습니다. 그런데 곧이어 저는 다시 기분이 상쾌해졌습니다. 제 눈에 푸른 하늘이 보였기 때문입니다. 그것은 검사실 천장에 설치해 놓은 한 장의 사진 때문이었습니다. 푸른 하늘에 작은 솜털구름이 연하게 떠 있는 사진이었는데, 환자로서 잔뜩 스트레스에 찌들어 있던 제 마음을 편하게 해주었습니다. 이렇듯 대자연의 모습, 특히 푸른색은 스트레스에 찌든 우리에게 평강과 안식을 허락하는 것입니다.

지난 시간에 묵상했던 다윗의 고백, "내게 부족함이 없으리로다"라는 고백을 단순히 세상적인 것에서만 이해하려고 하지 마십시오. 이스라엘의 왕이었던 다윗이 세상에서 소유하지 못한 것이 무엇이었겠습니까? 또한 할 수 없는 것이 무엇이었겠습니까?

그는 마음만 먹으면 세상에서 무엇이라도 할 수 있고, 무엇이라도 소유할 수 있는 절대권력을 가진 왕이었습니다. 그러나 다윗은 세상 속에서 무엇을 이루려고 하거나, 무엇을 소유하려고 하지 않았습니다. 그리고 그 속에서 만족을 찾으려고 하지도 않았습니다. 세상 속에서 구하는 것들은 그 무엇일지라도 결코 자신을 영원히 만족시킬 수 없는 것임을 그는 잘 알고 있었기 때문입니다.

그러면 다윗이 부족함이 없는 삶을 살았던 이유는 무엇입니까? 지난 시간에 우리가 이미 묵상했듯이 그것은 오직 여호와 하나님만을 자신의 목자로 선택했기 때문이었습니다. 다윗은 수많은 적들과 원수들에게 둘러싸여 언제나 죽음에 대한 위협 속에서 피곤하고 지친 삶을 살았습니다. 따라서 다윗이야말로 그 누구보다 크고 많은 온갖 스트레스에 시달린 사람이었습니다. 그래서 다윗이야말로 절대적으로 쉼이 필요한 사람이었습니다.

다윗은 영육이 피곤하고 지쳤을 때, 다시 말해 온갖 스트레스를 받을 때마다 여호와 하나님 앞에 나아가 삶의 모든 무거운 짐들을 내려놓았습니다. 그리고 그때마다 여호와 하나님께서는 그를 편히 쉬게 해주셨던 것입니다. 이렇듯 다윗에게 푸른 초장, 쉴 만한 물가는 오직 여호와 하나님뿐이었습니다.

여기서 잠시 예수님에 대해 생각해 보는 시간을 가지려고 합니다. 여러분, 예수님은 삶에서 스트레스를 받으셨을까요? 아니면 안 받으셨을까요? 하나님이신 분이 무슨 스트레스를 받았겠냐고요?

그런데 예수님도 스트레스를 받으셨습니다. 그것도 주님은 어느 누구보다 많은 스트레스를 받으셨습니다. 물론 예수님은 삼위일체 하나님의 제2위격이신 성자 하나님이셨지만, 또한 완전한 인간이셨기 때문입니다. 그래서 예수님에게도 때로는 쉼이 필요하셨습니다.

마가복음 7장 24절 말씀을 보면 어느 날 예수님께서 두로와 시돈 지방으로 들어가셨습니다.

"예수께서 일어나사 거기를 떠나 두로 지경으로 가서 한 집에 들어가 아무도 모르게 하시려 하나 숨길 수 없더라."

두로와 시돈 지역은 이방 지역입니다. 주님께서 그곳에 가신 이유는 오직 하나, 피곤한 몸을 잠시 쉬기 위함이었습니다. 그래서 아무도 모르게 조용히 쉬려 하셨지만 그럼에도 불구하고 예수님께서는 쉴 수 없으셨다는 것입니다.

예수님은 이미 널리 알려져 어디를 가시더라도 많은 사람들이 주님께 나아왔기 때문입니다. 주님은 이방 지역인 두로와 시돈에 도착하자마자 바로 귀신 들린 딸의 어머니인 수로보니게 여인을 만났습니다. 그리고 그 여인의 딸을 고쳐 주십니다.

그런가 하면 마가복음 4장 35-41절에는, 예수님과 제자들이 배를 타고 가던 중 큰 광풍을 만나는 사건이 기록되어 있습니다. 이때 제자들은 배가 뒤집혀 죽게 생겼다면서 난리 법석을 피웁니다. 그런데 그 순간 주님께서는 태연하게도 고물에서 베개를 베고 주무시고 계십니다. 그렇다면 생각해 보십시오. 예수님께서 얼마나 고단하셨으면 광풍에 뒤집어질 듯이 흔들리는 배 안에서 그리 편히 주무실 수 있는 것인지요?

하늘 보좌를 버리고 인간의 육신을 입은 채 이 땅에 오신 분, 낮은 자들과 함께 계시며 그들과 함께 먹고 마시며 낮아지셨던 분, 병든 자들과 함께 아파하며 그들을 고쳐 주셨던 분, 천국 복음을 전파하기 위해 밤낮 쉴 새도 없이 이곳저곳을 떠돌아다니시며 죄인들의 친구가 되셨던 분, 그리고 마지막에는 십자가에 달리셨던 분 예수 그리스도. 잠시의 쉼은 그분의 스트레스를 다 풀어주지 못했습니다. 물론 그런 짧은 쉼들은 연약했던 예수님이 느끼셨을 육신의 피곤함을 잠시 해소해 주었을지 모릅니다. 그러나 그분의 크고 깊은 영적 스트레스를 모두 해소할 수는 없었습니다.

그러면 예수님은 그 큰 스트레스를 어떻게 해소하셨을까요? 예수님의 진정한 쉼은 무엇이었겠습니까? 그것은 바로 하나님께 대한 기도의 시간이었습니다. 특히 그분은 기도를 통해 당신의 피곤한 영혼을 안식하셨습니다.

마가복음 1장 35절 말씀을 봅니다.

"새벽 오히려 미명에 예수께서 일어나 나가 한적한 곳으로 가사 거기서 기도하시더니."

주님은 바로 새벽기도를 통해 성부 하나님과의 친밀한 교제를 나누며 당신의 온갖 스트레스를 해소하셨던 것입니다.

오래전 은퇴하신 김철환 목사님으로부터 들은 이야기를 전해드립니다. 김철환 목사님께서 목회를 하실 때, 친구 목사님들을 만나 이런저런 이야기를 나누는데 하루는 친구 한 분이 이런 말을 하더랍니다.

"새벽기도회만 없으면 목사 노릇도 할 만한데, 도대체 어느 놈이 새벽기도회를 만들어가지고 이렇게 힘들게 하나?"

그래서 김철환 목사님이 이렇게 말씀하셨답니다.

"어느 놈이라니? 새벽기도회는 바로 예수님이 만드셨네."

그랬더니 그 친구 목사님이 무안하여 아무 말도 하지 못하더랍니다.

그렇습니다. 여러분, 한국 교회에서만 시행하는 새벽기도회는 한국의 목사님들이 만든 것이 아닙니다. 그것은 바로 예수님께서 친히 시작하신 것입니다. 세상에서 가장 스트레스가 많으셨던 분 예수님, 그리고 가장 큰 스트레스를 갖고 사셨던 예수님, 그분에게 있어 새벽기도회야말로 성부 하나님과의 깊고 친밀한 대화의 시간이요, 또 당신의 온갖 스트레스를 풀어버리고 영적으로 새롭게 재충전하여 인류 구원이라는 대역사를 이끌어가게 만들었던 은혜 충만한 시간이었습니다. 이렇듯 주님께서 몸소 새벽기도회의 본을 보여주셨습니다.

그렇습니다. 영육 간에 연약하여 삶 속에서 지치고 힘겨운 삶을 살아가는 오늘의 사람들에게, 새벽기도회야말로 하나님과의 거룩한 교통을 통해 삶의 온갖 스트레스를 씻어내고 영적으로 새롭게 충만할 수 있는 은혜의 시간입니다.

오늘 삶이 피곤하십니까? 그래서 쉬고 싶으십니까? 산으로 들로 나가도, 또 알래스카나 지중해로 크루즈 여행을 떠나도, 그것이 우리의 모든 스트레스를 다 씻어줄 수는 없습니다.

 세상의 그 무엇도, 그리고 그 어디서도 우리에게 완전한 쉼을 주지는 못합니다. 우리를 영원한 쉼으로 인도하는 푸른 초장과 쉴 만한 물가는 결코 이 세상에 존재하지 않기 때문입니다. 그러면 곤한 우리 영혼이 편히 쉴 곳은 정녕 없는 것입니까? 우리 영혼이 영원토록 쉼을 누릴 수 있는 푸른 초장과 쉴 만한 물가는 오직 한 곳, 예수 그리스도뿐입니다.

 문제 많은 세상 속에서 온갖 스트레스를 받으며 피곤한 삶을 살고 있는 당신, 오늘 진정한 쉼을 얻기 원하신다면 예수 그리스도 앞에 나아가십시오. 선한 목자 되신 예수 그리스도 앞에 연약하고 우매한 한 마리 양의 모습으로 겸허히 나아갈 때만이, 그분은 우리에게 진정한 쉼을 허락하실 것입니다.

기/도/문

문제 많은 세상 속에 던져진 우리는 문제적 삶을 살 수밖에 없습니다. 그러니 우리의 삶은 허구한 날 피곤하고 지쳐 있습니다. 온갖 스트레스가 우리를 무겁게 짓누릅니다. 쉬어야 함에도 불구하고 쉼을 누리지 못하고 고달픈 삶을 살아가고 있는 가엾은 우리의 모습을 바라봅니다. 주님, 무엇이 진정한 쉼인지조차도 알지 못한 채, 온갖 세상의 스트레스에 싸여 참담한 삶을 살아가는 우리를 긍휼히 여겨 주시옵소서.
진정한 쉼을 갖기 원합니다. 우리 영혼의 푸른 초장이시며 쉴 만한 물가이신 주님 앞에 나아가기 원합니다. 목자 되신 주님 앞에 한 마리 양의 모습으로 겸허히 나아가기 원합니다. 아멘.

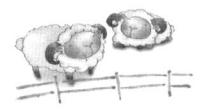

안녕하십니까, 행복하십니까?

"그가 나를 푸른 초장에 누이시며 쉴 만한 물가로 인도하시는도다"(시 23:2).

"안녕하십니까?"

이것은 한국인의 대표적인 인사입니다. 한국인은 지정학적인 여건 속에서 유사 이래 주변 나라들의 잦은 침략으로 인한 수많은 전쟁, 숱한 정변과 당파 싸움 속에서 반목, 투쟁, 시기, 질투를 경험해야 했습니다. 그리고 오랜 세월 동안 보릿고개라는 말이 생길 정도로 힘겨웠던 가난으로 인한 원초적인 결핍, 그리고 이어지는 피 터지는 생존경쟁의 역사를 써왔습니다. 이러한 소용돌이 속에서 우리 한국인은 단 하루도 안녕할 날이 없었습니다.

그러니 한국인의 역사는 생활의 역사라기보다는 오히려 살아남기 위한 생존의 역사라고 해도 과언이 아닙니다. 어떤 상황 속에서라도, 또 어떻게 해서라도 우선 살아 있어야 했던 어둡고 힘든 시절 속에서, 아침에 눈을 뜨면 그저 서로 살아 있음을 확인하는 것이 무엇보다 가장 궁금했습니다. 또 그 살아 있음이 가장 기뻤습니다. 그래서 살아남은 사람들은 서로 이렇게 "안녕하십니까?"라는 인사를 했습니다. "안녕하십니까?"라는 인사야말로 그저 지나가면서 아는 척하는 의례적인 인사가 아니라, 진정 목놓아 울고 싶은 심정으로 서로 뜨겁게 반응했던 한국인의 한이 서린 처절한 인사입니다.

힘들고 지친 질곡의 역사를 넘어, 세계가 놀랄 정도로 짧은 시간에 민주화와 경제성장이라는 두 마리 토끼를 한꺼번에 잡은 대한민국. 올림픽과 월드컵 대회를 치렀는가 하면, 바야흐로 국민소득 3만 불을 눈앞에 두고 있습니다. 이제는 명실공히 세계 속의 대한민국으로 우뚝 섰습니다. 그리고 세계인들은 이를 라인강의 기적에 빗대어 '한강의 기적'이라 부릅니다

미국의 대표적인 뉴스 전문 채널 CNN은 지난 2014년 한국이 세계에서 가장 뛰어난 것 열 가지를 발표했습니다. 국토 면적이 세계에서 109번째일 정도로 작지만 레이디 가가를 능가하는 K-Pop 스타와 갤럭시 스마트폰을 만든 나라, IT 기술이 세계 최고인 나라, 아름다움에 있어 지구상에서 가장 진화한 나라, 성형수술이 세계 최고인 나라, 신용카드를 가장 많이 사용하는 나라, 여자 골프가 세계 최고인 나라, 항공사 서비스가 세계 최고인 나라, 소개팅이 가장 많은 나라입니다. 그리고 CNN은 각종 통계를 들어 한국인이 세계에서 가장 오래 일하는 나라라고 전했습니다.

이런 국내외 통계들을 보면 이제 한국인은 행복해야 합니다. 그리고 삶에 만족해야 합니다. 그리고 유사 이래 필연적인 유산처럼 짊어지고 온 힘겨운 '생존'에서 비로소 '생활'로 거듭난 우리들의 인사도 이제는 바뀌어야 마땅합니다. "안녕하십니까?"라는 인사 대신 이제는 "행복하십니까?"라는 인사로 바뀌어야 하지 않을까요? 그런데 이렇게 인사할 수 없음은, 그럼에도 불구하고 우리는 여전히 안녕하지 못하기 때문입니다.

모든 것이 풍족해지고 모든 여건이 편해졌음에도 불구하고 여전히 안녕하지 못한 우리의 현실은 무엇일까요? 다시 CNN의 보도를 소개합니다. CNN은 한국인은 1주일에 44.6시간 일하는데, 이는 세계인이 평균적으로 일하는 시간보다 12시간이나 더 많은 수준이고, 1일 평균 수면시간도 6시간이 채 안 된다고 보도했습니다. 그래서 한국인은 이 같은 장시간 노동에서 오는 스트레스를 폭탄주로 풀기 때문에 대표적 소주 제조 회사인 진로소주는 10여 년이 넘게 세계에서 가장 많은 술 판매량을 기록하고 있다고 전했습니다.

술 권하는 사회인 대한민국의 민낯입니다. 수면 부족으로 인한 육신의 피로뿐만 아니라, 사회 내부적으로 다가오는 숱한 스트레스로 인한 정신적 피로에서 벗어나지 못하는 우리 사회의 안타까운 모습입니다.

"그가 나를 푸른 초장에 누이시며 쉴 만한 물가으로 인도하시는도다"(시 23:2).

설령 그리스도인이 아닐지라도 이 말씀 앞에 서면, 그 누구라도 온 몸과 온 정신이 모두 봄눈 녹듯이 살며시 풀어지며 곤한 잠에 빠질 것 같습니다. 주님은 오늘 삶의 피곤에 지치고 온갖 스트레스에 시달리고 있는 우리를 향해 이렇게 부르고 계십니다.

"수고하고 무거운 짐 진 자들아 다 내게로 오라 내가 너희를 쉬게 하리라"(마 11:28).

지금까지 쉬지 않고 달려왔던 우리들, 그러면 과연 우리는 무엇을 위해 달려왔던 것입니까? 그리고 또 우리는 지금 어디를 향해 달려가는 것입니까? 삶에 지치고 피곤한 사람들…. 이제 모두의 몸과 마음을 편히 쉬어야 할 시간입니다. 잠시 누워야 할 시간입니다. 지친 우리를 쉬게 하기 위해, 푸른 초장과 쉴 만한 물가에서 우리를 부르시는 목자의 그 음성이 들리지 않습니까?

필립 켈러(Philip Keller)라는 분이 쓴 《양과 목자》라는 책이 있습니다. 원 제목은 《A Shepherd Looks at Psalm 23》, '한 목자가 본 시편 23편'입니다. 필립 켈러는 동아프리카에서 선교사의 아들로 태어나 자라면서, 항상 야생의 세계와 자연을 사랑한 사람입니다. 그는 캐나다와도 인연이 깊습니다. 토론토 대학교에서 농업 토양학자로 훈련을 쌓은 뒤, 이곳 브리티시 콜럼비아(B.C.)에서 농학 연구와 목장 개발에 여러 해 동안 투신했습니다. 그 후 필립 켈러는 실제로 8년간 양치기 목자 생활을 했습니다. 그리고 그는 나중에 목회자가 되었습니다. 그가 쓴 책에 양의 습성에 관한 이런 내용이 기록되어 있습니다.

양들에게는 묘한 습성이 있는데, 그 성질상 네 가지 조건이 충족되지 않는 한 눕는 것이 거의 불가능하다는 것이다.

첫째, 양들은 겁이 많아서 두려움에서 완전히 벗어나지 않으면 누우려고 하지 않는다.

둘째, 양들은 집단 안에서 사회적 행동을 하는 동물인지라 저희들 사이에 불화가 있는 한 누우려고 하지 않는다.

셋째, 파리나 기생충 때문에 괴로울 때도 양들은 누우려고 하지 않는다. 해충이 없어야 양들은 긴장을 푼다.

넷째, 배부르게 꼴을 먹지 않는 한 양들은 누우려고 하지 않는다. 반드시 배고픔에서 벗어나야 한다.

쉬기 위해서는 두려움과 긴장과 괴로움과 배고픔에서 해방되었다는 확실한 느낌이 있어야 된다는 것은 의미가 깊다. 여기서 특이한 것은 이런 염려로부터 양들을 해방시킬 수 있는 이는 오직 목자뿐이라는 것이다. 양들이 좋지 못한 세력으로부터 벗어나느냐 하는 것은 전적으로 주인의 부지런함에 달려 있다.

양들에게 그처럼 심각하게 영향을 미치는 네 가지 요소들을 하나씩 검토해 볼 때, 양을 관리하는 일에서 목자가 담당하는 역할이 왜 그토록 중요한지 깨닫게 될 것이다.

목자 출신으로서 누구보다 양들의 생리를 잘 알았던 다윗은 이런 양들의 습성이 바로 사람들의 모습과 크게 다르지 않음을 깨달았습니다. 그래서 다윗은 평생 자기에게 다가오는 숱한 고난과 스트레스 속에서 벗어날 수 있는 길은 세상 어디에도 존재하지 않음을 잘 알았던 것입니다. 그러니 그는 겸손히 목자 되신 하나님 앞에 한 마리 양의 모습으로 엎드려 전적인 도우심을 구한 것입니다.

양들은 겁이 많은 동물입니다. 강한 적들로부터 자신을 방어할 무기가 없기 때문입니다. 그런데 이런 양들이 목자를 떠나 홀로 유리(流離)하고 있다면, 그것이야말로 큰 위험에 노출되는 것입니다. 실제로 양들은 샛길로 자주 빠진다고 합니다. 그런가 하면 양들은 목자가 잠시만 한눈을 팔아도 사나운 짐승의 공격을 받아 죽거나 다치는 일이 다반사(茶飯事)입니다. 그럴 때마다 목자는 사랑과 정성으로 양들을 보호하고 관리하며 한 마리라도 실족하지 않도록 바른 길로 인도하는 것입니다. 한마디로 양들은 목자가 목숨 걸고 지키고 관리하지 않으면 홀로 살아갈 수 없는 동물입니다. 오직 목자가 인도하는 푸른 초장과 쉴 만한 물가가 아니면 양들은 결코 누울 수 없습니다.

사실 우리도 겁이 많은 존재입니다. 사람은 만물의 영장임을 자처하면서도 살아가면서 온갖 두려움을 느끼고 있습니다. 진학, 취업, 병, 사람과의 관계, 죽음 등 수많은 두려움들이 우리의 삶을 지배합니다. 그러니 하루도 편할 날이 없습니다.

우리의 삶이란, 인생이라는 전쟁터에서 살아남기 위한 처절한 몸부림같다고나 할까요? 그래서 영국의 사회철학자 토마스 홉스(Thomas Hobbes, 1588-1679)는 그의 유명한 저서 《리바이어던》이라는 책에서, 인간 존재를 일컬어 "만인의 만인에 대한 투쟁"이라고 했던 것입니다. 문제 많은 세상에서 살아가는 우리는 결코 이런 두려움으로부터 벗어나거나 숨을 곳이 없습니다. 오직 목자 되신 주님만이 이 두려움으로부터 우리를 해방시켜 줄 것입니다.

양들도 동물인지라 자기들끼리 불화가 있습니다. 특히 이 가운데는 언제나 먼저 다가가 머리로 다른 양을 들이받는 등 불화를 일으키는 놈이 있습니다. 이런 놈들은 조용히 쉬거나 풀을 뜯는 양들을 찾아가 덤벼듭니다. 그런가 하면 양들 사이에서도 적대의식과 긴장, 지위와 세력을 위한 경쟁으로 인해 여러 가지 알력이 있습니다. 그러니 양들은 편안히 누워 있을 수가 없습니다. 언제나 이런 세력들에 맞서 자기를 방어하고 싸워야 하기 때문입니다. 이럴 때 양은 목자의 손길이 필요합니다. 목자는 이럴 때마다 문제의 양을 격리시키거나 심지어는 다른 양을 위해 없애버려야 하는 것입니다.

우리 또한 마찬가지입니다. 학교에서, 직장에서, 사회에서, 그저 눈만 뜨면 모든 것에서 부딪칩니다. 온갖 수단과 방법을 동원한 생존경쟁으로 인한 도전과 응전의 시간이 수시로 다가옵니다. 잠시라도 한눈을 팔면 천 길 낭떠러지로 떨어질 것 같은 아찔한 상황 속에 살아갑니다. 온갖 비방과 흑색선전이 난무하고 거짓과 오류가 판을 칩니다. 편안히 쉴 시간이 없습니다. 쏟아지는 잠을 쫓으며 땀 흘리고 뛰어야 합니다. 그러니 항상 몸과 마음이 피곤합니다. 온갖 스트레스가 쌓입니다.

세상 속에서 쉴 만한 곳을 찾지만 그 어디에도 편히 누울 곳은 없습니다. 술과 마약, 도박, 섹스, 게임 등 온갖 쾌락에 눈을 돌려보아도 우리를 구원할 수 있는 것은 보이지 않습니다. 이 혼돈과 절망의 순간 주님은 우리의 이름을 부르십니다.

"양은 그의 음성을 듣나니 그가 자기 양의 이름을 각각 불러 인도하여 내느니라"(요 10:3).

각종 기생충과 해충들에게 시달려 신경이 극도로 날카로워진 양들은 편히 누울 수가 없습니다. 따라서 이런 양들은 목자가 약을 먹이고 살충제를 뿌려주는 등 보살펴야만 비로소 편히 누울 수 있습니다.

우리에게도 수시로 이런 때가 찾아옵니다. 삶 속에서 계획한 대로 일이 이루어지지 않을 때가 있습니다. 그런가 하면 사람들과의 관계 속에서 복잡하고 불편하게 만드는 일들이 수시로 다가옵니다. 흡사 작은 벌레에 물린 것 같은 따가움과 쓰라림이 신경을 곤두세웁니다. 기분이 찜찜해집니다. 혼자서 끙끙거리며 풀어버리려 해도 쉽게 해소하지 못합니다.

그렇다면 목자 되신 여호와 하나님께 나아가야 합니다. 내 모든 것을 아시는 하나님께서 우리의 무거운 모든 짐들을 받아 주실 것입니다. 그분은 우리의 진실된 위로자이시기 때문입니다.

양들에게 있어 가장 중요한 원초적인 것은 굶주림으로부터 벗어나는 것입니다. 제대로 먹지 못한 양들은 영양이 부족하여 각종 질병에 자주 노출되는가 하면 잘 성장하지도 못합니다. 그리고 이런 배고픈 양들은 결코 눕지 않습니다.

그러니 양들에게 있어 가장 중요한 것은 푸른 초장입니다. 푸른 초장은 단순히 이곳저곳 목초지를 찾아나서는 것뿐만 아니라, 거친

자갈밭이나 가시덤불, 온갖 나무등걸들을 제거하고, 땅을 파서 고르고 씨를 뿌려 가꾸어 이루어낸 것입니다.

이 같은 일을 하기 위해 목자는 땀 흘리고 애쓰는 것입니다. 이런 푸른 초장에서 배부르게 먹이고 나면, 양들은 그때서야 그곳에 편히 누워 되새김질을 하는 것입니다. 우리의 경우도 마찬가지입니다. 사람들의 먹는 문제, 그것은 가장 기본적인 것입니다. 그것이 해결되지 않으면 누구라도 결코 편히 쉬거나 누울 수 없습니다.

모세를 따라 출애굽한 이스라엘 백성들이 광야에서 먹을 것에 굶주리자, 차라리 애굽의 노예생활로 돌아가는 것이 더 낫겠다면서 소동을 부린 것을 우리는 잘 압니다. 인간의 먹는 문제야말로 무엇보다 원초적인 문제이기 때문입니다.

오늘 우리 가운데 예전처럼 먹는 문제, 다시 말해 생존의 문제에 대해 걱정하는 사람들은 드뭅니다. 그럼에도 많은 사람들은 여전히 먹는 문제에서 벗어나지 못하고 있습니다. 이제는 어떻게 먹느냐가 아니라 무엇을 먹느냐의 문제로 바뀐 것입니다. 이것이야말로 양같이 연약하고 우매한 인간들의 영원한 걱정거리입니다. 그러나 주님은 말씀하십니다.

"그러므로 내가 너희에게 이르노니 목숨을 위하여 무엇을 먹을까 무엇을 마실까 몸을 위하여 무엇을 입을까 염려하지 말라"(마 6:25).

또한 양들에게는 물이 필요합니다. 물론 양은 적은 수분으로도 살아갈 수 있는 동물이기는 하지만 깨끗한 물의 공급 없이는 살아갈 수 없습니다. 인간과 마찬가지로 양도 동물이기에 그 몸의 70% 이상이 물로 구성되어 있습니다. 따라서 물을 공급받는 것은 대단히 중요한 것입니다.

더럽고 오염된 물은 양에게는 치명적입니다. 더러운 물을 마신 양들은 온갖 부작용이나 기생충, 또는 세균의 감염 등으로 인해 고통을 당합니다. 그러니 누울 수 없는 것입니다. 목자는 그런 양들을 결코 방치하지 않습니다. 언제나 맑고 시원한 물이 잔잔히 흐르는 쉴 만한 물가로 양들을 인도하는 것입니다.

우리에게도 이런 물이 필요합니다. 수도꼭지만 돌리면 그냥 물이 철철 넘치는데, 슈퍼마켓에 가면 값싸고 시원한 생수가 넘치는데 무슨 물 타령이냐고요? 사실 우리 모두는 목 마른 사람들이라는 것을 아십니까? 그것도 타는 목마름으로 고통당하고 있습니다. 그것은 바로 영혼의 목마름입니다. 끝없는 영혼의 목마름 속에서 아무리 세상의 물을 퍼 마셔도 그 갈증은 결코 해소되지 않습니다.

어느 날 주님은 사마리아 우물가에서 한 여인을 만납니다. 그 여인은 여섯 번째 남자와 살고 있는 사람이었습니다. 여인은 누구보다 목이 마른 사람이었습니다. 타는 갈증으로 고통당하던 여인이었습니다. 이 여인에게 주님은 이렇게 말씀하십니다.

"내가 주는 물을 먹는 자는 영원히 목마르지 아니하리니 나의 주는 물은 그 속에서 영생하도록 솟아나는 샘물이 되리라"(요 4:14).

세상의 그 무엇도 우리를 타는 목마름으로부터 해갈시켜 줄 수 있는 것은 없습니다. 무엇을 마셔도 목이 마릅니다. 무엇을 소유해도 목마릅니다. 오히려 마시면 마실수록, 소유하면 소유할수록 우리의 영혼은 더욱 목마를 뿐입니다.

그렇다면 우리가 쉴 만한 물가는 어디입니까? 바로 예수 그리스도 뿐입니다. 오직 그분만이 우리를 영혼의 쉼터로 인도하십니다. 그리고 그분만이 우리의 타는 갈증을 해갈시켜 줄 것입니다.

우리의 문제가 무엇인지 아십니까? 바로 세상 속에서 돈으로, 권력으로, 명예로, 부귀영화로, 쾌락으로 우리의 목마름을 해갈하려고 하는 것입니다. 그러나 그 모든 것들이 타는 목마름을 해갈해 줄 수 없다는 사실을 이미 3천 년 전 다윗이 간파했던 것입니다.

"안녕하십니까?"

오늘도 여전히 이렇게 인사해야 하는 우리는 도저히 편히 쉴 수도, 누울 수도 없는 상황 속에서 살아가고 있습니다. 주입식 교육 속에서 진학에 대한 스트레스, 고학력자들의 취업난, 요원한 결혼, 육아의 어려움, 비정규직 근로자들의 문제, 콘크리트 같은 기득권층으로 인해 비집고 들어갈 틈도 없는 서민들의 아픔, 쪽방촌 노인들의 극에 달한 빈곤, 그런가 하면 북한의 젊은 독재자가 쏘아 올리는 탄도미사일과 핵실험, 게다가 대통령의 무지한 행동이 빚은 정치 사회적 혼란 상태, 이 모든 것들이 오늘 우리를 더욱 힘들고 지치게 만듭니다. 궂은비가 내리는 밴쿠버의 긴 겨울 날처럼 우리를 우울하게 만듭니다.

이렇듯 삶에 지치고 피곤한 우리는 이제 쉬고 싶습니다. 진정 눕고 싶습니다. 그러면 우리의 쉴 곳, 누울 곳은 어디입니까? 다윗의 외침에 다시 한 번 귀 기울여보고 싶은 오늘입니다.

"그가 나를 푸른 초장에 누이시며 쉴 만한 물가로 인도하시는도다."

주님, 오늘 우리는 참으로 힘들고 지친 삶을 살아갑니다. 무엇을 해도, 또 무엇을 소유해도 진정 우리의 쉴 곳, 누울 곳은 그 어느 곳에도 없는 것 같습니다. 지치고 피곤한 우리의 몸과 영혼을 쉬고 싶습니다. 이제는 편히 눕고 싶습니다. 목자 되신 주님 앞에 겸손히 나아가 주님이 주시는 참 쉼을 얻게 해주시옵소서.

지금까지 우리 스스로가 목자인 척 홀로 걸어왔던 우리의 교만과 잘못을 회개합니다. 이제 한 마리 연약하고 우매한 양의 모습으로 목자 되신 주님 앞에 나아갈 수 있는 믿음을 허락해 주시옵소서. 그리하여 주님이 주시는 영원한 쉼이 있는 푸른 초장, 쉴 만한 물가로 나아가기 원합니다. 아멘.

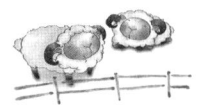

뒤집혀진 양같이

"내 영혼을 소생시키시고 자기 이름을 위하여 의의 길로 인도하시는도다"(시 23:3).

이런 증상의 병이 있습니다. 기운이 없습니다. 기분이 맑지 않습니다. 괴롭고, 슬프고, 울고 싶습니다. 불안감이 뇌리에서 사라지지 않습니다. 과거나 미래가 어둡게만 보여집니다. 아침에 일어나면 기분이 나빠집니다. 초조합니다. 감정 조절이 어렵거나, 또는 감정을 느끼기 어렵습니다. 죽음이나 자살을 생각합니다. 실제로 자살하려고 합니다. 생각이 정리되지 않습니다. 아이디어가 떠오르지 않습니다. 무언가를 할 의욕이 없습니다. 결단이 서지 않습니다. 일이 손에 잡히지 않습니다. 누구와도 만나고 싶지 않습니다. 외출하고 싶지 않습니다. 누군가와 이야기하는 것이 고통스럽습니다. 움직이는 것이 싫어

하루 종일 집에만 있고 싶으며 하루 종일 잠만 잡니다. 모든 것을 자기 탓으로만 돌립니다. 열등감이 강합니다. 무엇이든지 결과가 나쁠 것이라고만 기대합니다. 성공해도 기분이 좋지 않고, 또 그 다음에는 실패할 것이라고 생각합니다. 조금만 불행해도 모든 것이 불행하다고 생각합니다. 성공이냐 실패냐의 양극단적인 사고밖에는 하지 못합니다. 자신은 가난뱅이라고 생각합니다. 나쁜 결과의 책임은 오직 자기 탓이라고 생각합니다. 나쁜 병에 걸렸다고 생각합니다. 깊은 잠에 들지 못합니다. 피로감이 계속되고 몸이 무겁습니다. 식욕이 저하되고 체중이 감소합니다. 두통과 요통이 느껴지고 어깨나 목 등이 뻐근합니다. 현기증을 자주 느낍니다. 호흡 곤란과 가슴 통증을 느끼고 목소리가 나오지 않습니다. 손발이 저리고 힘이 없습니다. 구토, 변비, 복통 등의 소화기 장애 증상이 나타납니다. 전혀 움직일 수 없고 의식도 희박합니다.

이 병의 이름이 무엇인 줄 아십니까? 바로 우울증입니다. 현대인들에게 가장 흔한 정신과 질병 중 하나가 이런 우울증입니다. 여자는 약 10-20%, 남자는 5-12%가 일생에 최소 한 번은 우울증을 경험하게 되며, 여자의 5-9%, 그리고 남자의 2-3%가 우울증 환자라고 알려져 있습니다. 우울증의 평균 발병 연령은 20대 중반이지만, 어떤 나이에서도 시작할 수 있습니다. 최근 자료에 의하면, 점차 우울증의 발병 연령이 낮아지고 있는 추세라고 합니다.

세계보건기구(WHO)도 우울증을 21세기에 인류를 괴롭히는 10대 질병 중 하나로 지적하고, 오는 2020년에는 심장병 다음으로 세계 제2위의 질병이 될 것으로 예견하고 있습니다. 최근 한국에서도 이 우울증이 급격히 늘어나고 있어 사회적으로 큰 우려를 낳고 있습니다. 한국에서는 연간 만여 명이 자살하는데, 자살 동기의 80%는 우울증인 것으로 알려지고 있습니다.

그렇다면 우울증은 왜 생기는 것일까요? 물론 선천적인 것도 있지만, 대부분은 후천적인 요인에 의하여 발병합니다. 우울증의 심리사회적인 원인으로는, 먼저 삶에서 다가오는 스트레스 때문입니다. 우울증 환자들을 조사해 보면, 발병 전 상당 기간 동안 그들의 삶에서 여러 가지 스트레스가 있었음을 알 수 있습니다. 특히 11세 이전에 부모를 잃는다든지, 배우자의 죽음, 이별, 실패, 실망, 불화 등의 이유로 인해 우울증이 생기는 경우가 많음을 알 수 있습니다.

정신분석학적으로 볼 때 우울증은 분노가 자신에게로 향할 때 나타나는 현상입니다. 예를 들어 가까운 사람이 세상을 떠났을 때 슬픔과 함께 우울증 환자들은 보통 사람들의 슬픔과 달리 죽은 사람에 대한 죄책감을 갖고 자신이 잘못해서 죽었다고 생각하여 그 생각에서 벗어나지 못하는 경우가 많다는 것입니다. 또 어렸을 때 부모와 이별한 경험이 있었던 경우는, 사람과 헤어지는 것에 대하여 예민하게 반응하므로 이별이나 상실을 접할 때 우울증에 걸리기 쉽다고 합니다. 그렇다면 이런 우울증이야말로 현대인이라면 누구라도 쉽게 걸릴 수 있는, 가장 가까이 있는 흔한 감기와 같은 병이라고 할 수 있습니다.

그런데 그보다 더 심각한 문제는, 그럼에도 불구하고 현대인들은 자기 자신은 그 병과 전혀 상관이 없는 것으로 생각하고 있다는 것입니다. 오늘 본문에서 다윗은 이렇게 고백합니다.

뒤집혀진 양같이

"내 영혼을 소생시키시고"(시 23:3).

지난 시간에도 말씀드렸습니다만 다윗처럼 많은 고난을 당한 사람이 또 어디 있을까요? 그가 수많은 고난 속에서 받았을 스트레스는 아마 상상조차 못할 것입니다. 그 많은 스트레스로 인해 그의 영혼은 말할 수 없을 정도로 피폐해졌을 것입니다. 어쩌면 우울증까지 생겼을지도 모릅니다.

다윗은 다가오는 숱한 고난으로 인해 몸의 기력이 쇠하고, 또 영혼은 처참할 정도로 찢겨지고 떨어져 나간, 한마디로 만신창이(滿身瘡痍)가 되어 있는 것입니다. 그럼에도 불구하고 그의 외침에 응답하지 않으시는 무정한 하나님, 그 하나님을 향해 다윗은 목놓아 이렇게 외칩니다.

"내 하나님이여 내 하나님이여 어찌 나를 버리셨나이까 어찌 나를 멀리 하여 돕지 아니 하옵시며 내 신음하는 소리를 듣지 아니하시나이까"(시 22:1).

이 시편은 예수님께서 십자가 위에서 돌아가시기 전 외친 말씀이기도 합니다.

자신의 삶이 얼마나 힘들고 고통스러웠으면, 다윗이 이렇게 외쳤겠습니까? 불러도 불러도 대답 없는 하나님, 간구하고 또 간구해도 바뀌지 않는 절망적 현실 속에서 다윗은 이렇듯 처절하게 외쳤던 것입니다.

그렇다면 다윗은 정녕 하나님께로부터 자신이 버림을 당했다고 생각했던 것이었을까요? 아닙니다. 다윗은 자신에게 닥치고 있는 고난이 너무 크고 힘들어, 그 고난을 이길 힘을 달라고 지금 하나님께 역설적으로 외치고 있는 것입니다. 이처럼 다윗은 언제나 자신이 고난을 당할 때면, 그 모든 것을 여호와 하나님께 의지했던 것입니다.

그토록 모진 고난을 당했던 다윗이 다시 일어설 수 있었던 이유는 오직 하나, 바로 하나님 때문이었습니다. 죽음과도 같은 온갖 스트레스와 지독한 고난 속에 육신은 지칠 대로 지치고 영혼은 피폐해버렸지만, 그럼에도 불구하고 다윗은 언제나 목자 되신 하나님 앞에 양의 모습으로 나아갔습니다. 그리하여 그 하나님으로 말미암아 새롭게 소생할 수 있었던 것입니다.

오늘 여러분은 얼마나 많은 스트레스에 노출되어 있습니까? 여러분의 스트레스를 결코 가볍게 생각하지 마십시오. 그 스트레스가 우울증으로 변할 수 있습니다.

미국 스탠포드 대학의 신경과학자이자 스트레스 연구가인 로버트 새폴스키(Robert Sapolsky) 박사에 의하면, 아프리카 케냐의 사바나 초원에 사는 얼룩말은 위궤양에 걸리지 않는다고 합니다. 얼룩말의 삶에 있어서 가장 큰 위기는 적에게 잡아먹히는 순간을 경험하는 것인데, 이런 사건은 매우 빠르게 발생하며, 결과는 둘 중의 하나입니다. 잡아먹히거나 아니면 무사히 적으로부터 도망가는 것입니다. 만일 적으로부터 도망쳐서 안전한 초원으로 되돌아오게 된다면 얼룩말의 스트레스 반응도 끝난다는 것입니다. 즉 이 얼룩말들의 스트레스에는 분명한 시작과 끝이 있고, 그 스트레스의 지속 기간도 짧다는 것입니다. 얼룩말이 사자에게 쫓길 때 경험하게 되는 신체적 반응은 인간이 급성 스트레스 사건을 경험할 때 발생하는 신체적 증상과 비슷하다는 것입니다.

예를 들어 갑자기 교수님이 강의 시간에 다음과 같이 말합니다. "오늘 깜짝 시험을 볼 것이다. 시험의 결과는 학기말시험에 40% 반영하겠다."

이때 당신이 학생이라면 어떤 반응을 나타낼까요? 심장 박동 수가 빨라지고 괜히 식은 땀이 나거나 긴장되면서 아침에 먹은 도넛이 체할 것 같은 느낌이 들지도 모릅니다. 이 모든 일들이 급성 스트레스 사건에 반응하여 우리의 자율신경계가 바빠졌기 때문에 발생하는 것입니다. 하지만 이와 같은 스트레스 반응은 시험이 그저 출석 점수에 불과했다는 사실을 알게 되면 금방 사라져버릴 것입니다. 이처럼 급성 스트레스에 반응하여 우리의 몸은 스트레스원에 대항하여 싸우거나 도망갈 채비를 하게 되는데 이를 'fight-or-flight' 반응이라고 합니다.

안타깝게도 현대인의 사바나 초원, 곧 우리의 삶에 존재하는 스트레스에는 오프(off) 스위치가 없습니다. 항상 밀려 있는 업무, 마감일, 하고 싶지 않아도 해야 하는 일들, 경쟁, 가족에 대한 의무, 하루가 24시간이라는 사실을 망각한 채 과도한 일들을 해내고 있는 사람들, 게다가 의학의 발달로 인한 수명 연장 속에서도 완치할 수 없는 각종 만성 질환을 안고 인생의 대부분을 병원을 들락거리며 살아야 하는 스트레스가 숙제로 남아 있습니다. 따라서 스트레스성 질병이라고 불리는 위궤양, 두통, 만성피로, 심장질환 같은 신체질환을 경험하거나 정신질환의 감기라 불리는 우울증이 찾아오기도 하는 것입니다.

'설교의 황태자'라고 불렸던 영국의 찰스 스펄전(Charles H. Spurgeon, 1834-1892) 목사는 주기적으로 우울증에 시달렸습니다. 그래서 그는 연중 한두 달은 어둡고 침침한 영국을 떠나, 프랑스 남쪽 리비에라는 따뜻한 해안도시에서 요양을 하곤 했습니다. 스펄전은 한 성도에게 보낸 편지에 이렇게 썼습니다.

"나는 완전히 부서진 질그릇처럼 느껴집니다. 많은 밤, 잠을 이루지 못하며 낮에는 눈물을 흘리며 지내고 있습니다."

우울증은 어느 누구에게도 예외가 없습니다. 목사에게도 이렇게 우울증은 찾아올 수 있습니다. 그럼에도 스펄전이 위대한 설교자가 될 수 있었던 것은 하나님에 대한 민감한 감수성을 가지고 있었기 때문입니다. 이처럼 신앙의 위인들은 그런 고통 가운데서 자기 영혼을 회복시키시는 하나님을 경험했습니다.

많은 믿음의 선배들은 자신의 이런 연약함을 알았기에, 동일하게 연약함을 앓고 있는 다른 사람들을 도울 수 있었습니다. 다시 말해 그들은 자기가 받은 상처를 통해, 오히려 상처 받은 치유자가 될 수 있었던 것입니다.

다윗은 시편 31편에서 이렇게 외칩니다.

"여호와여 내 고통을 인하여 나를 긍휼히 여기소서 내가 근심으로 눈과 혼과 몸이 쇠하였나이다"(시 31:9).

극심한 스트레스로 인하여 앞이 보이지 않고 몸과 영혼이 쇠할 정도의 상황이라면, 그것이야말로 죽음과도 같은 절망의 상황이라고 말할 수 있습니다. 다윗은 이런 극한의 상황에서 "여호와여!"라고 하나님의 이름을 부릅니다.

모진 고난 속에서 목 놓아 부르고, 또 외쳐보아도 대답 없는 하나님, 그래서 자신을 버린 것 같은 하나님이지만, 그럼에도 다윗은 결코 절망하지 않고 다시 이렇게 노래합니다.

> "내 영혼아 네가 어찌하여 낙망하며 어찌하여 내 속에서 불안하여 하는고 너는 하나님을 바라라 나는 내 얼굴을 도우시는 내 하나님을 오히려 찬송하리로다"(시 42:11).

다윗은 참담한 고난 속에서도 결코 소망을 버리지 않고, 오직 하나님만을 찬송합니다. 이것이 다윗의 믿음입니다. 바로 이런 사람 다윗을, 하나님께서 어찌 아름답다고 하지 않으시겠습니까?

수많은 믿음의 선배들이 고난을 겪었습니다. 사도 바울의 이런 고백을 들어보십시오.

> "형제들아 우리가 아시아에서 당한 환난을 너희가 알지 못하기를 원치 아니하노니 힘에 지나도록 심한 고생을 받아 살 소망까지 끊어지고"(고후 1:8).

다메섹 도상에서 부활하신 예수 그리스도를 만난 이후 바울은 오직 주님만을 위해 살아갑니다. 그는 오직 복음을 위해 자신의 모든 것을 다 내려놓았습니다. 그런데 가는 곳마다 말할 수 없는 고난이 닥쳐옵니다. 오죽하였으면 살 소망까지 끊어졌다고 고백했을까요? 바울은 우리가 잘 아는 대로 마지막에는 로마에서 참수형으로 순교합니다. 그러나 그는 최후의 순간까지 오직 주님의 이름만을 부릅니다. 그에게는 어떤 두려움도 후회도 없었습니다. 예수 그리스도와 함께 하는 진정한 소망이 있었기 때문입니다.

앞에서 소개해드린 양치기 목자 출신 목회자였던 필립 켈러는 《양과 목자》라는 책에서 뒤집혀진 양의 이야기를 소개하고 있습니다. 양들이 넘어져 네 다리가 하늘을 향하게 되면 혼자 일어설 수 없다고 합니다. 그저 네 다리를 버둥거리며 허공을 향해 "메에~ 메에~" 하고 우는 것 외에 다른 도리가 없습니다. 이런 상태가 되면 양은 속수무책입니다. 뒤집힌 양은 공포에 사로잡혀 네 발을 미친듯이 허우적거리지만 이런 몸부림은 사태를 더욱 악화시킬 따름입니다. 몸은 더 굴러 내려가기 때문입니다. 그리고 이렇게 되면 다시는 일어날 수 없습니다.

이때부터 양은 심각한 상태에 빠집니다. 양이 다리를 들고 하늘을 향해 누워 있으면 위장에 가스가 차기 시작합니다. 이 가스가 위를 굳어지게 하여 공기가 몸 속에서 유통하는 것을 막아 한 시간 내로 질식하게 됩니다. 그리고 네 다리에 마비 증상이 오기 시작합니다. 특히 뜨거운 여름철에 이런 일이 일어나면 양은 몇 시간 안에 죽을 수도 있습니다. 하지만 양은 목자가 와서 도와주기 전에는 그 무엇도

할 수 없습니다.

그러나 목자가 오더라도 그런 양은 바로 회복시킬 수가 없습니다. 그 양을 회복시키는 데는 시간이 필요합니다. 우선 목자는 다리를 하늘로 향하여 누워 있는 양에게로 옵니다. 그리고 첫 번째로 하는 일은 네 다리를 마사지하여 피가 통하게 하는 것입니다. 그러고 나서 목자는 양에게 이렇게 부드러운 말을 하며 안정감을 준다고 한다고 합니다.

"이 녀석아, 도대체 언제 네 발로 서는 법을 배울래? 제때에 너를 찾아서 얼마나 기쁜지 모르겠구나, 이 녀석아!"

그리고 양의 배에 손을 대고 부드럽게 돌립니다. 다리가 약해져서 스스로 일어서지 못하기 때문입니다. 그리고 양이 이제는 스스로 일어설 수 있다고 느낄 때, 비로소 양이 목자의 손을 빠져 나가 자기가 가고 싶은 곳으로 가게 합니다.

하나님께서도 우리를 이렇게 회복시켜 주십니다. 하나님께서는 미움과 원망, 분노와 저주, 슬픔, 그리고 절망과 죄책감, 이 모든 것들이 가져오는 온갖 스트레스와 우울증 등 삶의 모든 고난으로부터 우리를 일으켜주시고, 다시 소망의 삶을 살 수 있도록 인도해 주십니다.

우리의 문제가 무엇인 줄 아십니까? 바로 모든 것을 내가 하려는 것입니다. 내가 모든 것을 이룰 수 있다고 착각하는 것입니다. 내가 잘났다는 교만함에서 벗어나지 못하기 때문입니다. 삶의 온갖 스트레스로 인해 내 몸과 영혼이 말할 수 없이 피폐해졌음에도 불구하고, 그것을 알지 못하고 여전히 세상 속에서 스스로 모든 것을 이루려고 하는 것입니다.

우리는 모두 양 같은 존재입니다. 자기 자신이 뒤집혀진 양임을 깨달아야 합니다. 그 무엇도 목자 없이는 할 수 있는 것이 아무것도 없습니다. 그래서 스스로의 힘으로는 다시 일어설 수 없음을 깨닫고 오직 목자 되신 주님의 이름을 불러야 합니다. 그때 나의 목자 되신 주님께서 뒤집혀진 나를 다시 일으켜 주실 것입니다. 그리고 사랑스러운 목소리로 내 이름을 불러 주시면서 포근히 안아 주실 것입니다. 그때 피폐해질 대로 피폐해진 내 영혼은 비로소 새롭게 소생되고 의의 길로 인도될 것입니다.

양의 결정적인 실패가 무엇인 줄 아십니까? 목자를 놓치는 것입니다. 마찬가지로 우리의 궁극적인 실패는 목자 되신 하나님을 놓치는 것입니다. 물론 그리스도인들도 삶의 온갖 스트레스와 말할 수 없는 고난이 찾아올 때가 있습니다. 그러면 하나님을 놓칠 수가 있습니다. 그때가 바로 영적 침체기입니다.

다윗에게 그런 때가 없었겠습니까? 사도 바울에게 그런 때가 없었겠습니까? 오죽했으면 스펄전 목사님이 극심한 우울증에 시달렸겠습니까? 그럼에도 위대한 믿음의 선배들은 모든 것을 이기고 분연히 일어섰습니다. 바로 믿음으로 말입니다. 바로 주님만을 붙잡으면서 말입니다.

유명한 《로마서 주석》을 쓴 마틴 로이드 존스(Martyn Lloyd Jones, 1899-1981) 목사님은 단호히 이렇게 말합니다. "모든 영적 침체의 근본 원인은 하나님에 대한 불신이다." 그렇습니다. 그런 영적 침체야말로 그리스도인들에게 숱한 스트레스와 고난 속에서 잠시 하나님을 떠나게 하는 것입니다. 그래서 모든 영적 침체를 벗어나는 길은, 그럼에도 불구하고 하나님을 나의 목자로 인정하고 그분을 찾는 것입니다. 갈급한 심령으로 여호와 하나님의 이름을 부르는 것입니다.

"하나님이여 사슴이 시냇물을 찾기에 갈급함 같이 내 영혼이 주를 찾기에 갈급하니이다"(시 42:1).

오늘 저와 여러분에게 이런 갈급함이 있습니까?

우리는 모두 지치고 피곤한 삶을 살아가고 있습니다. 날마다 다가오는 온갖 스트레스와 말할 수 없는 고난으로 인해 우리 영혼은 날로 피폐해져 가고 있습니다. 여러 가지 육신의 질병조차 우리를 위협합니다. 어디가 앞인지, 또 어디가 뒤인지조차 알지 못할 정도로 우리 앞에는 온통 어둠이 밀려오고 있습니다. 뒤집혀진 양같이 우리는 스스로 일어설 수조차 없는 처참한 상황 속에 빠져 있습니다. 그럼에도 불구하고 여전히 스스로 모든 것을 이루려 하는 우리의 우매함을 일깨워주시옵소서.
목자 되신 주님의 이름을 부르기 원합니다. 겸손히 주님의 도움의 손길을 바라는 우리가 되기 원합니다. 그리하여 여름 가뭄에 말라 비틀어진 것 같은 우리 영혼이 새롭게 소생하기 원합니다. 아멘.

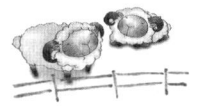

당신이 걸어가는 길은

"내 영혼을 소생시키시고 자기 이름을 위하여 의의 길로 인도하시는도다"(시 23:3).

우리는 모두 길을 걷고 있습니다. 우리가 지금 살아가고 있다는 것은, 곧 어딘가를 향하여 길을 가고 있다는 것입니다. 그러면 여러분은 지금 어디를 향해 가고 있습니까? 다윗은 이렇게 외치고 있습니다.

"자기 이름을 위하여 의의 길로 인도하시는도다"(시 23:3).

목자를 따라가지 못하고 제멋대로의 길을 걷다가 뒤집혀진 양 같은 우리가 주님의 도우심으로 새롭게 소생합니다. 그리고 이제 주님이 인도하시는 길을 걸어갑니다. 그 길은 바로 의의 길입니다. 하나님께서 우리를 의의 길로 인도하신다는 것은, 다른 말로 우리 앞에 의의 길이 아닌 또 다른 길이 존재한다는 의미입니다. 그 길은 바로 의롭지 않은 길입니다. 그리고 의롭지 않은 그 길로 다니는 사람들이 또한 존재한다는 것입니다. 다시 말해 우리의 앞에 두 개의 길이 있음을 말합니다. 그러면 무엇이 의의 길이며, 또 무엇이 불의의 길입니까? 의의 길은 곧 하나님의 길이고, 불의의 길은 세상의 길입니다.

양치기 목자 출신 목회자인 필립 켈러(Philip Keller, 1920-1997)는, 그가 쓴 《양과 목자》라는 책에서 양들의 습관에 대해 이런 이야기를 소개하고 있습니다.

"양은 습관을 따르는 것으로 유명하다. 만일 양을 내버려 둔다면 도랑이 패이도록 계속해서 같은 길로만 다닐 것이고, 질병과 기생충이 들끓게 될 때까지 땅을 더럽힐 것이다. 세계의 수많은 훌륭한 목장들이, 양들이 지나치게 풀을 많이 뜯어먹거나, 관리를 잘못하거나, 무관심하고 무지한 목자들로 인해 다시는 회복하기 힘들 정도로 황폐해져버렸다."

이처럼 양들이 목자를 떠나 제멋대로 길을 다닐 때 양 자신이 말할 수 없는 고난을 당하는 것은 물론이고, 주변의 땅을 다 황폐화시킴으로 아름다운 초장을 회복이 불가능한 상태에 빠지게 합니다. 그래서 목자는 이런 폐단을 막기 위해 양을 한군데 초장에 오랫동안 내버려두지 않고 계속 이동시키는 것입니다. 이것이 건강한 양과 좋은 초장을 유지시키는 비결입니다. 이처럼 양들이 바른 길로 나아가게 하기 위해서는 언제나 목자가 필요합니다. 이사야 선지자는 이렇게 외쳤습니다.

"우리는 다 양 같아서 그릇 행하여 각기 제 길로 갔거늘"(사 53:6).

목자 없는 양 같은 우리들은 제멋대로의 길, 다시 말해 그릇된 길을 걷고 있다는 것입니다. 그렇습니다. 우리는 처음에 그런 양과 같은 존재였습니다. 목자를 떠나 내 멋대로, 내 마음대로 내 길을 걸어간 사람들이었습니다. 그런데 지금은 목자 되신 주님으로 말미암아 새로운 길을 선택한 사람들입니다. 주님의 도움으로 세상의 길, 곧 불의의 길에서 하나님의 길로, 다시 말해 의의 길로 들어온 사람들입니다. 따라서 우리 모든 그리스도인은 지금 의의 길을 걷기 원하는 사람들입니다.

그렇다면 우리가 걷는, 그리고 또 걸어야 할 의의 길은 어떤 길입니까?

첫째로, 그 길은 주님께서 몸소 걸어가신 길입니다.

"내가 곧 길이요 진리요 생명이니 나로 말미암지 않고는 아버지께로 올 자가 없느니라"(요 14:6).

주님이 걸어가신 의의 길은 바로 고난의 길입니다. 그러면 주님께서 가신 그 길을 어떻게 걸을 수 있습니까? 주님의 길을 걷기 위해서는 먼저 나의 길, 곧 세상의 길에서 돌아서야 합니다. 세상의 법칙에서 돌아서는 것입니다. 다시 말해 내 자아를 포기하는 것입니다.

다윗은 절대권력을 손에 쥐고 온 세상을 쥐락펴락하는 권세 있는 왕이었음에도 불구하고 결코 세상의 길을 걸어가지 않았습니다. 양치기 목자로서 걸어간 길과 왕으로서 걸어간 길이 다르지 않았습니다. 언제나 그의 길은 한 길이었습니다. 그것은 고난의 길이었습니다. 그리고 그는 고난의 그 길을 기쁨으로 걸어갔습니다.

그런가 하면 많은 믿음의 선배들도 그 길을 걸어갔습니다. 사도 바울이 그 길을 걸어갔습니다. 사도 베드로가 그 길을 걸어갔습니다. 그리고 다른 주님의 제자들도 그 길을 걸어갔습니다. 그리고 모두가 그 길에서 말할 수 없는 고난을 당했습니다. 그들은 그 길에서 수없이 넘어지고 깨어지며 말할 수 없는 고난을 당했지만, 그럼에도 결코 그 길에서 돌아서지 않았습니다. 그 길을 끝까지 걸었습니다. 그리고 마침내 그들은 승리했습니다.

사랑하는 성도 여러분, 오늘 그 길을 걸을 수 있습니까? 사실 예수를 믿는다는 것은 고난입니다. 이유는 간단합니다. 그것은 주님이 가신 길, 바로 십자가의 길을 걸어가는 것이기 때문입니다. 그렇다면 그리스도인인 우리는 지금 고난의 길을 선택한 사람들입니다.

"아무든지 나를 따라오려거든 자기를 부인하고 자기 십자가를 지고 나를 좇을 것이니라"(마 16:24).

두 번째로, 그 길은 좁은 길입니다.

"좁은 문으로 들어가라 멸망으로 인도하는 문은 크고 그 길이 넓어 그리로 들어가는 자가 많고 생명으로 인도하는 문은 좁고 길이 협착하여 찾는 이가 적음이라"(마 7:13-14).

세상 사람들은 저마다 넓고 편안한 길을 가려고 합니다. 좁은 문, 좁은 길로 걸어가려는 사람은 찾아보기 힘듭니다. 세상의 길은 참 넓고 편하기 때문입니다. 그러니 모두 그 길로만 가려고 하는 것입니다. 모두가 빠른 시간 내에 많은 돈을 벌려고 합니다. 저마다 높은 자리로 빨리 오르려 합니다. 빨리 성공해야 한다는 강박관념의 허상에 사로잡혀 있습니다.

특히 한국 사람들에게 있어 이 같은 생각은 더욱 심합니다. 빨리빨리 하려다가 성수대교가 무너졌습니다. 빨리빨리 하려다가 삼풍백화점이 무너졌습니다. 빨리 하려니 모든 것이 성급합니다. '모로 가도 서울만 가면 된다'는 치명적인 결과주의의 가치관이 뿌리 깊게 박혀 있습니다. 그러니 과정보다는 언제나 결과에 집착합니다. 불법이 횡행합니다. 위험이 따릅니다. 그럼에도 아랑곳하지 않습니다. 미래는 안중에도 없고 오직 현재만이 중요합니다. 그럼에도 그 길이 자신을 천 길 낭떠러지로 떨어뜨리는 멸망의 길임을 인식하는 자는 적습니다. 바로 그 길은 우매한 양의 길입니다. 목자 없이 제멋대로 걷는 천 길 낭떠러지 멸망의 길입니다.

그러나 의의 길은 바로 주님이 가신 길입니다. 그 길은 좁고 위험하여 걷기 힘든 길이기에 모두가 쉽게 가려고 하지 않습니다. 그럼에도 불구하고 우리가 기필코 걸어야 할 길입니다. 바로 주님이 걸어가신 길이기 때문입니다. 바로 그 길만이 영원한 생명의 길이기 때문입니다.

세 번째로, 그 길은 낮은 곳으로 내려가는 길입니다.

세상의 화살표는 모두 위를 향해 있습니다. 그러니 모두가 위로 오르려고만 합니다. 돈과 명예와 권력 등 세상의 부귀영화를 위해 그저 눈만 뜨면 위로 오르려고 합니다. 온갖 수단과 방법을 동원하여 위로 오르려고 합니다. 그러니 온갖 불법이 횡행합니다. 그렇게 오르고 또 올라도 여전히 낮은 곳입니다. 더 올라가야 합니다. 한 번 오르기 시작한 사람은 절대 내려올 수가 없습니다. 끝없이 오르고 또 오르다 결국은 천 길 낭떠러지 밑으로 추락합니다.

고은 시인은 이렇게 노래했습니다. '그 꽃'이라는 아주 짧은 시입니다.

내려갈 때 보았네
올라갈 때 보지 못한
그 꽃

위만 보고 오르는 사람에게는 자기 주위에 그 무엇도 보이지 않습니다. 오직 끝없는 위만 보입니다. 그에게는 주위를 둘러볼 시간이 없습니다. 그러니 자기 옆에 아름다운 한 송이 꽃이 피어 있음을 결코 바라볼 수 없습니다. 내려가는 자만이 한 송이 꽃을 볼 수 있습니다. 그것은 내려가는 자에게만 허락된 자격이요, 축복입니다.

사탄은 창조주 하나님과 겨루기 위해 저 하늘까지 오르려다가 결국은 그 높은 곳으로부터 이 땅에 떨어지고 말았습니다. 그런가 하면 저 높은 하늘까지 바벨탑을 쌓아 하나님께 도달하려 했던 교만한 사람들은 높게 쌓은 탑과 함께 처참하게 무너져 내렸습니다. 교만은 하나님께서 가장 미워하시는 죄악 중의 하나입니다. 그러므로 잠언에서는 이렇게 교훈하고 있는 것입니다.

"교만은 패망의 선봉이요 거만한 마음은 넘어짐의 앞잡이니라"(잠 16:18).

저 높은 하늘 위에 있던 작은 빗방울 하나가 가장 낮은 곳까지 내려가면 가장 큰 것이 됩니다. 그리하여 그 빗방울은 세상의 모든 물을 품는 거대한 바다가 되는 것입니다. 이처럼 우리가 가장 작아지고 가장 낮아질 때, 오히려 가장 크고 가장 높아지는 것입니다. 그러한 삶의 모범을 우리 주님이 보여주시지 않았습니까?

"그는 근본 하나님의 본체시나 하나님과 동등됨을 취할 것으로 여기지 아니하시고 오히려 자기를 비어 종의 형체를 가져 사람들과 같이 되었고 사람의 모양으로 나타나셨으매 자기를 낮추시고 죽기까지 복종하셨으니 곧 십자가에 죽으심이라 이러므로 하나님이 그를 지극히 높여 모든 이름 위에 뛰어난 이름을 주사 하늘에 있는 자들과 땅에 있는 자들과 땅 아래 있는 자들로 모든 무릎을 예수의 이름에 꿇게 하시고 모든 입으로 예수 그리스도를 주라 시인하여 하나님 아버지께 영광을 돌리게 하셨느니라"(빌 2:6-11).

주님이 십자가를 지시며 가장 낮아지셨을 때 하나님께서는 주님의 부활과 승천을 통해 가장 귀한 이름으로 높이 세워 주셨습니다.

네 번째로, 그 길은 하나님을 기쁘시게 하는 길입니다.

지금은 은퇴하셨지만, 전에 밴쿠버 리전트 컬리지 교수를 지낸 신학자 제임스 패커(James Packer, 1926-)는 이렇게 말합니다.

"'의의 길'이란 하나님의 명령에 부합하고 하나님의 도덕적 성품에 일치함으로 인해 하나님께 기쁨을 드리게 되는 행동 양식이다. 물론 통찰력 있고 분별력 있는 직업 선택도 여기에 포함된다. 그러나 기본적인 개념은 우리의 거룩하신 하나님이 우리를 거룩하도록 부르신다는 것이다. 이것이 성경적 인도의 정수이다. '자기 이름을 위하여'란 그분의 언약적 신실하심을 보이심을 통하여 그분의 영광을 촉진시키는 것을 말하는 것으로, 찬양받기에 합당하신 그분의 계시된 성품에 대한 우리의 응답 찬양이 여기에 포함된다."

하나님이 우리를 어떻게 창조하셨습니까? 하나님의 거룩한 형상대로 창조하셨습니다. 그것은 곧 하나님처럼 창조하신 것입니다. 그런데 우리는 아담의 타락으로 말미암아 하나님의 형상을 잃어버리고 거룩함을 상실했습니다. 하지만 그리스도의 십자가 보혈로 말미암아 그를 믿는 자는 의롭다 하심을 입었습니다. 따라서 그리스도를 믿는다는 것은, 곧 하나님의 형상을 회복해나가는 길입니다. 곧 의의 길입니다. 또한 의의 길은 하나님께서 태초부터 계획하셨던 길이기에 의로우신 하나님이 자기 이름을 위하는 길입니다.

다섯 번째로, 그 길은 하나님께 영광 돌리는 길입니다.

우리는 흔히 하나님의 이름을 높이고 하나님을 찬양하는 것, 다시 말해 하나님께 예배함으로 영광 돌린다고 생각합니다. 그렇다면 예배 드리지 않을 때는 하나님께 영광 돌릴 수 없는 것입니까? 성경은 이렇게 말합니다.

"내 이름으로 일컫는 자 곧 내가 내 영광을 위하여 창조한 자를 오게 하라 그들을 내가 지었고 만들었느니라"(사 43:7).

하나님께서 사람을 창조하신 목적이 바로 하나님의 영광을 위한 것이라는 사실입니다. 그렇다면 우리의 삶의 초점이 하나님께 맞추어져야 합니다. 그러기 위해서는 우리의 삶 자체가 하나님께 드리는 참된 예배가 되어야 합니다. 다시 말해 삶의 예배를 드려야 하는 것입니다. 그리하여 삶 속에서, 나를 지으시고 나를 이끄시는 하나님을 찬양하며, 그 말씀대로 기쁨과 거룩함과 감사함으로 살아갈 때, 그것이 진정 하나님께 영광 돌리는 의의 길입니다.

여섯 번째로 그 길은 복 있는 길입니다.

주님은 산상수훈에서 이렇게 말씀하십니다.

"의에 주리고 목마른 자는 복이 있나니 저희가 배부를 것임이요"(마 5:6).

의(義)라는 말의 헬라어는 '디카이수네'(dikaiosune)입니다. 이 말의 의미는 우리가 흔히 생각하는 것처럼 윤리적 또는 인격적으로 의롭다는 뜻이 아닙니다. 헬라어에서 '의'라는 의미는 '하나님과의 바른 관계'를 뜻합니다. 그래서 의로운 자에게 임하는 복은 하나님과 바른 관계를 맺고 있는 사람에게 임하는 복입니다.

하나님과 바른 관계를 맺고 있다는 것은 하나님과 동행하고 있다는 것입니다. 그것은 하나님의 말씀 안에서 순종하며 그분의 뜻대로 행하며 살아가는 삶입니다. 다른 말로는 성령 충만한 삶입니다. 그런데 그 길, 다시 말해 의의 길은 곧 의에 주린 자만이 걸어갈 수 있는 길입니다. 여기서 '주리다'는 것은 단순한 배고픔이 아닙니다. 그것은 아사(餓死) 상태, 다시 말해 굶어 죽기 직전의 상태를 말합니다.

행복이라는 미명 아래 돈과 명예와 권력, 그리고 부귀영화가 음녀처럼 유혹하는 불의의 세상 속에서 그럼에도 불구하고 온갖 환란과 핍박 가운데서도 불의를 외면한 채 오직 하나님 안에서 의의 길을 걸어가려는 자, 그가 바로 의에 주린 자입니다.

사실 우리 모두는 무언가에 주린 사람들입니다. 먹을 것에 주린 자들이 있습니다. 그런가 하면 돈에 주린 자들이 있습니다. 권세나 명예에 주린 자들도 있습니다. 마약이나 도박에 주린 자들이 있습니다. 지금 무엇인가 구하는 자들은 모두 그들이 가장 주린 것을 구하려 하는 것입니다. 오늘 우리는 무엇에 주린 자입니까?

주님은 "의에 주린 자는 복이 있다"라고 말씀하십니다. 그렇다면 지금 의의 길을 걸어가는 자, 그는 바로 복 있는 길을 걷고 있는 것입니다. 우리 모두 주님 앞에 나아갑시다. 그분 앞에 나아가는 것을 결코 두려워하지 맙시다. 주님은 길 잃은 양 같은 우리를 인도하기 위해 오신 선한 목자이십니다. 그 주님께서 이렇게 말씀하십니다.

"내가 온 것은 양으로 생명을 얻게 하고 더 풍성히 얻게 하려는 것이라"(요 10:10).

현직 대통령 탄핵과 파면이라는 희대의 사건이 최근 우리나라를 세찬 소용돌이 속으로 빠뜨렸습니다. 왜 이런 불행한 일이 발생한 것입니까? 대통령도 그리고 그 주변의 사람들도 모두 의의 길로 걸어가지 못했기 때문입니다. 권력에 주리고 황금에 주린 무지하고 교만한 인생들이 스스로 그 길, 바로 자기들 멋대로의 길을 걸어갔기 때문입니다. 스스로가 연약하고 우매한 양 같은 존재임을 자각하지 못하고 목자 없는 길로 걸어갔기 때문입니다. 그 길은 스스로를 병들게 함은 물론이요, 결국 사회 전체를 병들게 하는 파멸의 길임을 적나라하게 보여주는, 오늘 우리 조국 대한민국의 민낯입니다.

우리는 지금 어떤 길 위에 서 있습니까? 그리고 지금 어디를 향해 가고 있습니까?

"내 영혼을 소생시키시고 자기 이름을 위하여 의의 길로 인도하시는도다."

다윗의 이 외침이 더욱 마음속 깊이 아픔으로 절절하게 다가오는 오늘입니다.

우리는 지금 어디에 있는 것입니까? 그리고 또 어떤 길을 걸어가고 있는 것입니까? 이 근원적인 질문 앞에 우리 모두 겸허한 모습으로 서기 원합니다.
세상의 길에서 의의 길로, 그리고 나의 길에서 목자의 길로 들어선 우리들, 그럼에도 여전히 세상의 길에서 방황하고 있는 우리들의 모습을 바라봅니다. 무엇이 우리를 여전히 그 길에서 떠나지 못하도록 붙잡고 있는 것입니까?
거룩하신 주 하나님!
아직도 스스로가 양 같은 존재임을 깨닫지 못하고 자기의 길을 걷고 있는 우리를 불쌍히 여겨 주시옵소서. 목자 없는 그 길이 교만한 길이요, 파멸의 길임을 인식시켜 주시옵소서. 그리하여 다시는 그 길로 걷지 않는 우리가 되기 원합니다.
그 길에서 우리의 이름을 부르시는 주님의 음성에 화답하여 의의 길로 돌아서기 원합니다. 이제는 나의 길을 떠나 오직 목자 되신 주님의 길만을 가기 원합니다. 아멘.

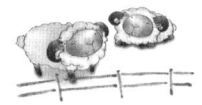

죽음의 골짜기를 지날 때

"내가 사망의 음침한 골짜기로 다닐지라도 해를 두려워하지 않을 것은 주께서 나와 함께하심이라 주의 지팡이와 막대기가 나를 안위하시나이다"(시 23:4).

인생은 어디서 왔다 어디로 가는가? 이 물음은 모든 종교와 철학의 영원한 화두입니다. 그렇다면 이 물음에 대한 정확한 해답은 여전히 없는 것입니까? 혹시 여러분은 그 해답을 아십니까? 다윗은 이렇게 외칩니다.

"내가 사망의 음침한 골짜기로 다닐지라도"(시 23:4).

이스라엘에는 실제로 '죽음의 골짜기'가 있습니다. 아주 좁고 가파

르고 위험한 골짜기입니다. 그 골짜기가 얼마나 깊은지 오직 한낮에만 해가 잠깐 비치고, 그 외에는 언제나 빛이 비치지 않아 어둡다고 합니다. 다윗은 아마 자신이 양치기 목자 시절 그 '죽음의 골짜기'라는 곳을 통과해 양들을 인도해 본 적이 있었을 것입니다.

팔레스타인 지방에서 유능한 목자들은 계절을 구분하여 여름 동안 양떼를 먼 곳에 있는 방목장으로 부지런히 이끌고 다닙니다. 앞에서 말씀드렸듯이 양떼들을 한 초장에 오랫동안 방목하면 양들이 풀의 뿌리까지 갉아 먹어 그 초장은 황폐해집니다. 또 양떼들의 습성상 항상 같은 곳으로만 다니면 땅이 깊게 파여 울퉁불퉁해져서 못 쓰게 되기 때문입니다.

그래서 목자는 계절에 맞추어 양들의 이동을 시작합니다. 긴 여정을 시작하는 것입니다. 산 아래서부터 시작해 점차 산 위로, 서서히 눈이 녹아내리는 정상으로 양떼를 이끌고 오르는 것입니다. 그래서 늦은 여름이 되면 풀이 더 이상 자라지 않는 높은 초장까지 다다르는 것입니다. 그리고 가을이 다가오고 산 정상에 첫눈이 내리게 되면, 목자는 비로소 양들이 겨울을 나게 될 산 아래 본부 목장으로 되돌아오게 되는 것입니다.

그런데 문제는 높은 산 정상으로부터 산 아래 목장으로 양떼를 이끌고 내려오는 여정에서 숱한 어려움과 위험이 발생하는 것입니다. 좁고 깊은 험난한 골짜기 사이로 산사태가 나거나 커다란 바위가 굴러 떨어지기도 합니다. 또한 골짜기의 물이 불어 넘치기도 하고 굶주린 맹수들이 습격하기도 합니다. 세찬 비바람이 불어오기도 하고 때로는 차가운 진눈깨비가 내리기도 합니다. 이 어렵고 위험한 과정을 지나 비로소 양들은 본부 목장에 도착해 안전한 겨울을 나는 것입니다. 이런 죽음의 골짜기를 지나기까지 양들은 전적으로 목자에게 의지하지 않으면 안 됩니다. 우리 인생에도 이와 같은 죽음의 골짜기가 존재하고 있습니다. 그 누구라도 죽음의 골짜기를 지나지 않을 수 없습니다.

죽음, 그것은 누구라도 꺼내기 싫고, 피하고 싶은 단어입니다. 그러니 사람들은 상가집에 가는 것조차 꺼려하는 것입니다. 그곳에서는 죽음의 그림자가 느껴지기 때문입니다. 모두가 꺼리고 두려워하는 죽음 앞에 우리는 어떤 모습으로 나아가야 합니까? 도대체 죽음은 무엇입니까? 그리고 왜 죽음 앞에 두려워하는 것입니까? 오늘은 죽음에 대해 몇 가지 묵상해보는 시간을 갖겠습니다.

첫째, 죽음은 공포를 가져오는 것입니다.

인간은 그 누구라도 태생적으로 죽음에 대한 공포를 가지고 있습니다. 우리가 죽음에 대해 공포를 갖는 것은 당연한 것입니다. 죽음에 대한 공포를 느끼는 사람에게 믿음이 없다고 폄하하거나 겁쟁이라고 손가락질할 필요는 없습니다. 예수님도 십자가에 달리시기 전날 밤 겟세마네 동산에서 이렇게 기도하시지 않았습니까?

> "내 아버지여 만일 할 만하시거든 이 잔을 내게서 지나가게 하옵소서 그러나 나의 원대로 마옵시고 아버지의 원대로 하옵소서"(마 26:39).

예수님은 이 기도를 드리면서 피 같은 땀을 흘렸다고 복음서는 기록하고 있습니다. 예수님조차도 인간적으로 피하고 싶었던 것이 바로 죽음입니다. 그래서 어떤 철학자는 이렇게 말했습니다. "우리는 죽음을 두려워하는 것이 아니라 죽음의 공포를 두려워하는 것이다." 어쩌면 그 말이 맞는 것 같기도 합니다.

둘째, 죽음은 상실감을 가져오는 것입니다.

내가 사랑하는 가족들, 나의 가까운 친구들, 그리고 내가 소유하고 이룩한 세상의 모든 것들을 내려놓고 빈손으로 떠나야 한다는 상실감입니다. 우리 옛말에 '공수래 공수거'(空手來 空手去)라는 말이 있습니다. 빈손으로 왔다가 빈손으로 떠난다는 뜻입니다. 그 누구도 죽음의 길에 가져갈 수 있는 것은 아무것도 없습니다. 벌거숭이로 태어나 벌거숭이로 떠나는 것입니다.

20세의 젊은 나이에 즉위해 대제국을 건설한 알렉산더 대왕은 불과 33세에 세상을 떠났습니다. 그는 이런 유언을 남겼습니다. "내가 죽거든 나의 관 양쪽에 구멍을 내 주게."

알렉산더 대왕이 죽자 그의 유언대로 시신을 넣은 관 양쪽에 하나씩 구멍을 뚫었습니다. 그의 시신을 넣은 관이 운구되는 순간, 그 구멍 사이로 그의 양손이 삐져나왔습니다. 그런데 그의 손에는 아무것도 쥔 것이 없었습니다. 천하의 알렉산더 대왕도 빈손으로 떠난 것입니다.

우리가 잊지 말아야 할 사실이 있습니다. 시신을 장사하는 관에는 서랍이 없습니다. 그런가 하면 죽은 자에게 입히는 수의에는 주머니가 없습니다.

셋째, 죽음은 망각에 대한 두려움을 갖게 합니다.

인간은 홀로 살아갈 수 없습니다. 인간은 가족과의 관계, 친구와의 관계, 그리고 사회적 관계 속에서 살아갑니다. 그래서 누군가 '인간은 사회적 동물'이라고 정의했나 봅니다. 따라서 그 관계 속에서 자기 존재가 그 누구에겐가 영원토록 기억되기를 바랍니다. 그리고 또한 자신이 그들을 기억하기를 바라는 것입니다. 그런데 그 관계 속에서 기억되었던 모든 것들이 상실된다는 것은 큰 두려움을 가져오는 것입니다.

경제 성장과 의학의 발달로 말미암아 인간의 평균 수명이 크게 늘어난 반면 큰 걱정거리가 생겨났습니다. 알츠하이머, 바로 치매입니다. 치매는 모든 것이 잊혀져 가는 무서운 병입니다. 나이 드신 분들 대부분의 소원이 치매에 걸리지 않고 살다 죽는 것이라고 말할 정도로 두려운 병입니다. 바로 상실의 두려움 때문입니다.

넷째, 죽음은 외로운 길입니다.

그것은 홀로 떠나야 하는 길이기 때문입니다. 숱한 관계 속에서 살던 인간이 마지막에는 그 모든 관계에서 벗어나 홀로 떠나야 한다는 것은 지독한 외로움에 처하는 것입니다. 더구나 죽음의 그 길은 어느 누구와도 동행할 수 없는 길이기 때문입니다.

지독한 외로움을 느껴본 적이 있으십니까? 제가 방송국에서 기자로 근무하던 지난 1979년에 취재를 위해 유럽으로 5주간 해외 출장을 떠난 적이 있습니다. 태어나서 첫 해외 출장이었으니 얼마나 기쁨이 컸으며 얼마나 흥분되었겠습니까?

그것은 이루 말로 표현할 수조차 없었습니다. 더구나 그 당시만 해도 해외에 나간다는 것은 특별히 선택된 사람이 아니고는 경험할 수 없는 일이었기에 기대와 자부심도 대단했습니다. 그런데 해외생활 중 밤마다 예기치 않은 불청객이 찾아왔습니다. 낮에는 취재로 바쁜 일정을 보냈지만, 매일 밤이면 호텔 방에서 홀로 긴 밤을 보낼 때 불현듯 저를 찾아오는 진한 외로움이었습니다. 그럴 때마다 저는 찬송가 카세트를 틀어 놓고 함께 따라 불렀습니다. 그리고 그 찬송을 부르며 이국만리 낯선 나라에서의 외로움을 달랬습니다. 그때 가장 많이 불렀던 찬송이 바로 304장 '그 크신 하나님의 사랑'입니다. 저는 지금도 이 찬송을 잊지 못합니다.

잠시 가족을 떠난 외로움도 이리 큰 것일진데, 하물며 홀로 걷는 죽음의 길에 다가오는 외로움이라면 그것이야말로 두말할 필요도 없을 것입니다.

다섯째, 죽음은 경험해 보지 않은 길입니다.

처음 가는 낯선 길이라면 누구에게라도 긴장과 두려움을 줍니다. 그런데 죽음은 그 누구도 가보지 않은 유일한 길입니다. 정확히 말하면 많은 사람들이 걸어간 길이지만, 그 누구도 그 길에서 다시 돌아오지 못한 길이기 때문입니다. 그러니 죽음의 길은 언제나 누구에게나 생소할 수밖에 없습니다. 자신도 경험하지 못한 길일 뿐만 아니라 그 누구도 경험하지 못한 길이기 때문입니다.

그렇다면 죽음은 결코 누구도 알 수 없는 길인가요? 성경은 인간의 죽음에 대해 이렇게 말합니다.

"죄의 삯은 사망이요 하나님의 은사는 그리스도 예수 우리 주 안에 있는 영생이니라"(롬 6:23).

사도 바울은 우리의 죽음이 어디서부터 왔는지 명확히 말하고 있습니다. 우리의 죽음의 원인이 죄 때문이라는 것입니다. 그렇다면 죽음의 원인, 곧 죄의 문제를 해결할 수 있는 방법은 없는 것입니까?

바로 그 문제를 해결하기 위해 예수 그리스도께서 이 땅에 오셨습니다. 그리고 그분은 첫 사람 아담의 때로부터 시작되어 온 인간의 죄의 문제를 십자가 위에서 단번에 모두 해결하셨습니다. 주님은 분명히 말씀하십니다.

"내가 주는 물을 먹는 자는 영원히 목마르지 아니하리니 나의 주는 물은 그 속에서 영생하도록 솟아나는 샘물이 되리라"(요 4:14).

주님은 우리가 영원토록 마시고 쉴 만한 물가, 곧 영생의 샘물이심을 스스로 말씀하셨습니다. 홀로 죽음의 골짜기를 지나다가 필경은 죽을 수밖에 없는 양과 같은 우리를 영원한 생명으로 인도하기 위해, 주님은 스스로 선한 목자가 되어 우리 곁에 오신 것입니다.

다윗이 목자 시절 수많은 양떼를 이끌고 죽음의 골짜기를 지날 때 바라본 양들은 그럼에도 평온한 모습이었습니다. 그것은 그 곁에 목자가 있었기 때문입니다. 다윗은 위험한 죽음의 골짜기를 지나면서도 오직 목자인 자신만을 의지하며 평온하게 따라오는 양들의 모습을 바라보았습니다. 그리고 그 양떼 가운데 오버랩되는 또 다른 한 마리 양과 목자의 모습을 바라보았습니다. 그것은 바로 자기 자신이었습니다. 그리고 자신이 양의 모습으로 바라본 또 다른 목자는 바로 여호와 하나님이었습니다. 다윗은 바로 자신의 선한 목자이신 여호와 하나님만을 의지하며 양떼들과 함께 어떤 두려움도 없이 그 험한 죽음의 골짜기를 지나올 수 있었던 것입니다.

그리고 다윗은 자신의 일생에 걸쳐 다가온 수많은 어려움과 죽음에 대한 위험 속에서도 언제나 자신을 지켜주시고 이끌어주시며 선한 목자 되신 하나님의 모습을 바라보며 기쁨과 감사함으로 이렇게 외쳤던 것입니다.

"해를 두려워하지 않을 것은 주께서 나와 함께하심이라 주의 지팡이와 막대기가 나를 안위하시나이다"(시 23:4).

그런데 시편 23편 4절에서는 특이한 현상을 발견하게 됩니다. 하나님의 인칭이 갑자기 바뀌는 것입니다. 그것은 바로 3인칭에서 2인칭으로 바뀌는 것입니다. 다시 말해 1절에서 3절까지는 하나님의 존재가 He, '그분'으로 표현됩니다. 그러나 4절에 이르러서는 2인칭으로 바뀌는 것입니다. You, 곧 '당신'으로 바뀌는 것입니다. 영어 성경을 보면 이렇게 기록되어 있습니다. "You are with me." 즉 '당신이 나와 함께하십니다'라는 의미입니다. 3절까지 그분이라고 지칭하던 하나님이 갑자기 당신이라고 바뀌는 것입니다. 3인칭의 하나님, 그러니까 객관적이었던 하나님이 2인칭의 하나님, 곧 나의 하나님, 주관적인 하나님으로 바뀌는 것입니다.

그가 나를 푸른 초장에 누이시며, 그가 나를 쉴 만한 물가로 인도하시며, 그가 내 영혼을 소생시킨다고 말하다가, 4절에 와서는 '당신' 그러니까 '그 하나님'이 아니라 바로 '나의 하나님'으로 바뀌는 것입니다. 수많은 인생의 역경 속에서 저 먼 곳에 계셨던 것 같은 하나님이 죽음의 골짜기에 다다르니 이제는 바로 내 옆에 계시는 나의 하나님으로 가까이 다가오는 것입니다. 그렇습니다. 우리가 비록 사망의 음침한 골짜기를 지날지라도 목자 되신 주님이 나와 함께 계시다면 무엇이 두렵겠습니까?

18세기 독일의 위대한 철학자 임마누엘 칸트(Immanuel Kant, 1724-1804)는 이렇게 말했습니다.

> "나는 일생 동안 참 훌륭하고 좋은 책을 많이 읽었습니다. 그렇지만 나는 그 속에서 시편 23편에 나오는 네 단어보다 내 마음을 더 고요하고 기쁘게 해 준 말을 발견한 적이 없습니다. 그것은 '주님께서, 나와, 함께, 계시다'라는 말입니다."

'주님께서, 나와, 함께, 계시다.' 이 네 단어가 당대 최고 철학자인 칸트의 마음을 평생 동안 가장 고요하고 기쁘게 했다는 것입니다. 바로 그의 이름 '임마누엘'처럼 말입니다. 임마누엘은 곧 '하나님이 우리와 함께하시다'라는 뜻이지요.

토론토에서 제 여자 조카가 목사로 사역하고 있습니다. 그런데 그 조카는 젊어서 간호사 생활을 했는데, 그때까지 예수를 믿지 않던 사람이었습니다. 그 조카가 전도사 시절에 제가 이런 질문을 던졌습니다.

"예수를 믿지 않던 네가 어떻게 예수님을 영접하고 전도사까지 되었니?"

그 조카가 이렇게 대답하였습니다.

"병원에서 일하면서 수많은 사람들이 죽어 가는 모습을 바라보았습니다. 그런데 이상한 현상이 있더라구요. 불신자들의 죽은 얼굴은 모두 볼썽사납게 일그러지고 흉칙한 모습이었는데, 이에 반해 예수 믿다 죽은 사람의 얼굴은 모두 잔잔한 미소를 띠고 아름다웠습니다. 어떻게 그럴 수 있을까. 그것이 저에게 큰 신비함으로 다가왔습니다."

이 이야기를 들은 저의 마음에 잔잔한 감동이 밀려왔습니다. 저는 아무 말도 하지 않았습니다. 그러나 저는 이미 모든 것을 알고 있었습니다. 그것은 바로 사망의 음침한 골짜기를 지날 때 주님을 목자로 삼은 아름다운 사람들의 마지막 모습이었다는 것을…. 잘 사는 것 못지않게 잘 죽는 것이 중요합니다. 특히 우리 그리스도인에는 그것이 무엇보다 중요한 것입니다.

시편 23편을 강해하는 첫 장에서, 이 시편은 죽어 가는 사람들이 가장 많이 찾는 성경구절이라는 말씀을 드렸습니다. 그만큼 인생의 가장 절박한 순간에 찾는 큰 위로의 말씀입니다.

지난 2001년 미국 뉴욕에서 벌어진 항공기 납치 테러로, 뉴욕의 대표적인 빌딩인 110층짜리 세계무역센터 빌딩이 무너지고 미 국방성 펜타곤이 공격을 받은 대참사를 기억할 것입니다. 우리는 이것을 흔히 9.11 사태라고 표현합니다.

전 세계를 온통 큰 충격 속에 몰아넣었던 이 사건 발생 후, 당시 미국 대통령이던 부시는 국민에게 이런 담화문을 발표했습니다. 그 중 일부를 소개합니다.

"위대한 국민이 위대한 나라를 지키기 위해 나섰습니다. 테러 공격은 가장 큰 건물의 기초를 흔들 수는 있지만, 미국의 기초는 건드릴 수조차 없습니다. 테러 공격은 강철 구조물을 산산조각 냈지만 미국인의 강철 의지는 흠집조차 내지 못했습니다. 미국이 테러 공격의 대상이 된 것은 세계에서 가장 밝은 자유와 기회의 등대이기 때문입니다. 어느 누구도 이 등대의 불빛을 끌 수 없습니다."

이런 말에 이어 부시 대통령은 다음의 말로 국민들을 위로했습니다.

"오늘 밤, 슬픔에 잠긴 모든 사람들과, 세상이 산산조각으로 깨졌다고 느끼는 모든 어린이들과, 안전과 안보가 위협받고 있다고 느끼는 모든 사람들을 위하여 국민 여러분께서 기도해주실 것을 당부드립니다. 시편 23편의 "내가 사망의 음침한 골짜기로 다닐지라도 해를 두려워하지 않을 것은 주께서 나와 함께하심이라"는 성경 말씀처럼, 인간이 범접할 수 없는 권능을 가지신 주님이 이들의 아픔을 덜어 주실 것을 저 역시 기도할 것입니다."

벌써 16년의 시간이 지났지만, 부시 대통령의 이 연설은 지금도 여전히 큰 감동으로 우리의 마음을 울립니다.

양들에게 있어 죽음의 골짜기는 결코 공포나 두려움의 골짜기가 아닙니다. 그래서 건너가지 말아야 할 골짜기는 더욱 아닙니다. 세찬 비바람이 내려치고 차가운 눈보라가 몰아친다 해도, 또 온갖 고난과 아픔이 다가올지라도, 그리고 온갖 맹수들이 공격한다 할지라도, 양들은 그 골짜기를 지나지 않으면 안 됩니다. 그 죽음의 골짜기를 지나야 비로소 따뜻하고 풍성한 양들의 목장이 기다리고 있기 때문입니다. 그래서 양들은 비록 죽음의 골짜기를 지날지라도 오직 목자만을 의지하여 담대하고 평안하게 그 골짜기를 지날 수 있는 것입니다.

지금 혹시 여러분은 사망의 음침한 골짜기를 지나고 있지는 않습니까? 그렇더라도 결코 두려워하지 마십시오. 지금까지 바쁘고 지치고 힘들었던 여러분의 삶 속에서, 저 먼 곳에 3인칭으로 계셨던 하나님을 이제 2인칭의 하나님으로 모셔 들입시다. 그래서 더 이상 '그 하나님'이 아니라 바로 '나의 하나님'으로 모셔 들일 때, 하나님은 비로소 목자가 되어 여러분을 사망의 음침한 골짜기로부터 영원한 생명의 나라로 평온히 인도해 주실 것입니다.

죽음의 골짜기를 지나지 않고는 결코 따뜻하고 안전한 목장으로 돌아갈 수 없는 양떼들처럼, 우리 또한 사망의 음침한 골짜기를 통과하지 않고는 결코 하나님 나라에 들어갈 수 없습니다. 그렇다면 그 골짜기는 이제 더 이상 공포나 두려움의 대상이 아닙니다. 외롭고 힘든 길도 아닙니다. 목자 되신 주님과 함께 걷는다면 말입니다. 이제 저와 여러분이 선한 목자 되신 주님과 함께 진정 그 길을 걷기 원한다면, 그리고 이제 그 길을 걸어간다면, 우리 모두 기쁨에 겨워 이렇게 노래할 것입니다.

"내가 사망의 음침한 골짜기로 다닐지라도 해를 두려워하지 않을 것은 주께서 나와 함께하심이라 주의 지팡이와 막대기가 나를 안위하시나이다."

기/도/문

> 성경은, 죄의 삯은 죽음이라고 분명히 말합니다. 우리 모두는 죄인이며, 죽음의 골짜기를 지날 수밖에 없습니다. 수많은 사람들이 그 길을 걸어갔으며, 지금도 그 길을 걸어가고 있습니다.
> 그러면 우리는 지금 어떤 모습으로 그 길을 향해 가고 있습니까? 목자를 따라 그 길을 안전하게 지나가는 양떼들처럼, 우리 또한 선한 목자 되신 주님을 따라 겸허히 그 길을 걸어가기 원합니다.
> 모든 두려움과 공포로부터 벗어나 오히려 담대함과 기쁨 속에 당당하게 주님과 함께 걸어가는 소망과 영생의 길이 되게 하여 주시옵소서. 아멘.

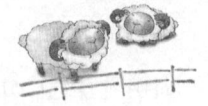

믿음과 기적 사이

"내가 사망의 음침한 골짜기로 다닐지라도 해를 두려워하지 않을 것은 주께서 나와 함께하심이라 주의 지팡이와 막대기가 나를 안위하시나이다"(시 23:4).

누구나 인생을 살아가면서 여러 가지 고난을 겪습니다. 고난이 없는 인생은 없습니다. 단지 그 고난의 종류나 깊이가 다를 뿐입니다. 배고픔과 목마름이라는 원초적인 고난을 겪는가 하면, 질병으로 인한 고통, 친한 친구나 이웃으로부터의 배신, 무고한 말로 인한 마음의 상처, 사랑하는 사람들과의 이별 등 고난의 종류도 셀 수 없을 만큼 많습니다. 이렇듯 우리 인생에는 크고 작은 온갖 고난이 언제나 끊이지 않습니다. 그리고 지금도 여전히 사람들은 각자 자기 나름의 고난을 겪고 있습니다.

아니라구요? 오늘 행복하시다구요? 혹시 이렇게 이야기하는 분이 계시다면, 잠시만 기다려 보시라고 말씀드리고 싶습니다. 왜냐하면 고난은 멀지 않은 시간에 틀림없이 당신을 찾아올 것이기 때문입니다. 만약 여러분이 오늘 행복하다면, 그것은 아직 고난이 다가오기 직전이기 때문인 것뿐입니다. 확실한 것은, 그 고난은 지금 여러분을 향해 맹렬한 속도로 달려오고 있다는 사실입니다. 그렇다면 오늘 여러분의 행복은 폭풍전야(暴風前夜)의 고요함이라고나 할까요? 이처럼 인생은 수많은 고난 속에서 살아가는 것입니다. 어쩌면 우리 인생은 고난의 역사라고 해도 무방할 것입니다.

그러면 이 사람의 외침을 들어보십시오. 자신에게 다가온 말할 수 없는 고난 속에서 시인은 이렇게 절규합니다.

"주여 깨소서 어찌하여 주무시나이까 일어나시고 우리를 영원히 버리지 마소서 어찌하여 주의 얼굴을 가리우시고 우리 고난과 압제를 잊으시나이까"(시 44:23-24).

소리 높여 불러도 불러도 대답 없는 하나님, 그리고 긴 밤을 지새우기까지 눈물로 간구하여도 여전히 바뀌지 않는 고난의 현실 속에 무릎 꿇고 있는 시인….

시인은 "하나님께서는 혹시 깊은 잠에 빠지신 것은 아니십니까? 그렇다면 하나님, 이제 제발 일어나십시오. 잠에서 깨어나 나의 이 고난의 외침에 응답해주십시오!"라고 목이 터져라 외쳐봅니다. 이렇듯 고난 앞에 마주선 인생들의 모습은 수천 년의 시간과 공간을 넘어서도 다르지 않은 것 같습니다.

그런데 이런 고난의 인생 속에서 이렇게 고백하는 사람이 있습니다.

"주의 지팡이와 막대기가 나를 안위하시나이다"(시 23:4).

바로 다윗의 고백입니다. 목자 되신 주님의 지팡이와 막대기가 자신을 안위한다는 것입니다. 안위한다는 것은 사전적 의미로 '편안하게 하고 마음을 위로한다'는 뜻입니다.

예전에 팔레스타인 지방에서 양을 치던 목자들은 꼭 지팡이와 막대기를 가지고 다녔습니다. 그것은 목자들의 보편적인 장비였습니다. 목자들은 누구라도 양떼를 돌보기 위해서는 자기 체격에 맞는 지팡이와 막대기를 만드는 일에 신경을 썼습니다. 지팡이는 길고 가느다란 나무로 만들어졌는데 한쪽 끝이 갈고리 모양으로 둥글게 구부러져 있습니다. 지금 몸이 불편하신 분들이 짚고 다니는 지팡이와 비슷한 모양입니다. 목자는 지팡이를 여러 가지 용도로 사용합니다. 예를 들어 갓 태어난 양의 새끼가 어미와 떨어져 있을 경우, 목자는 지팡이를 사용해 새끼를 걷어 올려 어미 곁으로 옮겨다 놓습니다.

또한 목자는 자기 손에 냄새가 묻어 어미 양이 새끼를 멀리하게 되는 것을 방지하기 위해 지팡이를 사용하기도 합니다. 또한 양이 가시덤불 속에 걸리거나 웅덩이에 빠질 경우에도 지팡이를 이용하여 위험으로부터 건져내기도 합니다. 그런가 하면 지팡이는 양들을 바른 길로 인도하는 데 사용하기도 합니다.

그러면 막대기는 무엇일까요? 막대기는 지팡이보다 짧은 연장입니다. 이것은 나무의 줄기와 밑둥이 맞닿는 부분을 깎아 만듭니다. 줄기 부분은 길게, 그리고 나무 밑둥의 부분은 둥글게 깎아서 머리 모양을 이루게 됩니다. 이 막대기는 목자가 옆구리에 끼고 다니는데, 바로 양들을 지키는 무기입니다. 갑자기 사나운 맹수가 달려들 때 목자는 이 막대기를 던져 맹수를 물리칩니다. 그때 숙련된 목자는 정확하게 맹수를 가격해 쓰러뜨립니다.

그런가 하면 때로는 고집스러운 양을 다스리고 바로잡는 일에 징계의 도구로 사용하기도 합니다. 또한 막대기는 양을 살피고 숫자를 셀 때 사용하기도 합니다. 이처럼 목자의 지팡이와 막대기는 양들을 안전하게 지키고 편안히 이끌어가기 위해 절대 필요한 연장입니다.

아마 다윗은 양치기 목자 시절에 이 막대기를 이용하여 양을 해치려 덤벼드는 이리나 들개와 같은 맹수들의 공격을 막아냈을 것이 틀림없습니다. 이처럼 목자의 손에는 언제라도 지팡이와 막대기가 항상 들려 있습니다. 따라서 양들은 목자의 손에 들려 있는 지팡이와 막대기로 인하여 비로소 안위함을 받는 것입니다.

온갖 시련과 고난으로 점철된 삶을 살아온 다윗, 그럼에도 그가 모든 고난을 이기고 하나님 한 분만을 의지할 수 있었던 것은, 바로 목자 되신 하나님의 손에 들려 있는 지팡이와 막대기 덕분이었습니다. 사울 왕의 살해 위협 속에서 목숨을 부지하기 위해 도망다닐 때, 적들과 싸우는 치열한 전쟁터에서, 아들 압살롬의 반역으로 인해 궁중에서 쫓겨나 정처없이 헤맬 때, 언제나 여호와 하나님의 지팡이가 자신을 이끌어 주었습니다.

믿음과 기적 사이

또한 부하 장군 우리아를 죽게 하고 그의 아내 밧세바를 취하는 죄악 속에서, 그리고 인구조사라는 교만한 행위 속에서 자신을 징계함으로 회개하게 만들고, 새롭게 하신 여호와 하나님의 막대기를 결코 잊을 수가 없었습니다. 그 지팡이와 막대기야말로 숱한 고난 중에도 자신을 안위하게 하였던 것은 물론, 다윗을 '하나님의 마음에 합한 사람'이 되게 한 원동력이었습니다.

오늘 우리는 어떤 상황 속에 살아가고 있습니까? 왜 선한 사람들이 고통을 당하고, 반면에 악한 사람들이 잘 먹고 잘사는 것입니까? 왜 전쟁과 내란과 폭력 속에서 철없는 어린아이들, 연약한 여자들, 그리고 힘없는 노인들이 죽어 가야 하는 것입니까?

왜 프랑스에서, 터키에서, 벨지움에서, 이라크에서 폭탄 테러로 죄 없는 사람들이 죽어 가는 것입니까? 왜 난민선이 뒤집혀 수많은 사람들이 차가운 바다에 빠져 죽어 가는 것입니까? 왜 아프리카에서, 아시아에서, 라틴 아메리카에서 그 많은 어린아이들이 굶어 죽어 가는 것입니까?

왜 북한의 김정은이 핵실험을 하고 미사일을 쏘아 올리는데도 불구하고 저렇게 가만히 놓아두는 것입니까? 왜 한국에는 제대로 된 대통령이 한 명도 나오지 않는 것입니까?

혹시 여러분 가운데 오늘 고난 당하는 분이 계십니까? 그 고난이 너무 크고 힘들어 감당하기 어렵습니까? 아니면 왜 하필 나에게 이런 고난을 주셨느냐고 하나님께 원망하며 항의하고 있습니까?

이런 피 맺힌 절규에도 불구하고 여전히 돌아보지 않으시는 하나님, 소리치고 또 외쳐도 응답하지 않으시는 하나님, 그래서 귀 먹은 하나님이라고 외면하십니까? 그것도 아니면 아예 죽은 하나님이라고 절망하십니까?

성경에 등장하는 수많은 기적의 사건들을 바라보며, 왜 오늘 나에게는 그런 기적을 베풀어 주지 않으시냐고 한탄하고 있습니까? 오늘 나에게 기적을 베풀어 주신다면 정말 살아 계신 하나님이라고 믿을 수 있을 텐데….

이런 질문 앞에 서면 예수님께서 공생애를 시작하실 때 광야에서 있었던 사탄과의 대결이 생각납니다. 예수님께서 광야에서 40일을 금식하며 기도할 때 사탄이 나타났습니다. 굶주림과 피곤에 지쳐 기진맥진한 예수님 앞에 사탄이 나타나 세 가지 시험을 합니다.

"네가 만일 하나님의 아들이어든 명하여 이 돌들이 떡덩이가 되게 하라"(마 4:3).

40일을 굶은 사람에게 떡 한 덩이야말로 세상에서 가장 큰 유혹이었습니다. 그러면 이런 유혹에 넘어가지 않을 사람이 어디 있겠습니까?

그러나 예수님은 사탄의 유혹을 한마디로 거절합니다.

"사람이 떡으로만 살 것이 아니요 하나님의 입으로 나오는 모든 말씀으로 살 것이라"(마 4:4).

예수님은 사탄의 두 번째, 세 번째 유혹을 기록된 하나님의 말씀을 통하여 물리칩니다. 사실 이 모든 특권은 본래 예수님이 누려야 할 특권이었습니다. 하지만 사탄은 예수님의 메시아적 목표를 지름길로 가서 쉽게 성취하라고 제안했던 것입니다.

우리가 잘 아는 러시아의 위대한 소설가 도스토예프스키는 《카라마조프가의 형제들》이라는 책에서 예수님의 유혹 장면을 그 소설의 중심부에 두고 있습니다. 카라마조프는 이 사건을 세상에서 가장 위대한 기적이라고 불렀습니다. 그것은 바로 '억제의 기적'이라는 것입니다. 카라마조프에 의하면 사탄은 믿음을 각인할 수 있는 세 가지 손쉬운 방법을 제안했다는 것입니다. 그것은 바로 기적, 신비, 그리고 권위라는 것입니다. 그런데 예수님은 이 세 가지를 모두 거절하셨습니다.

카라마조프는 이렇게 말합니다. "당신은 기적으로 사람을 노예 삼지 않을 것이오. 사람들이 기적에 의하지 않고 자유에 의해 믿음을 원하도록 할 것이오."

사랑하는 여러분! 기적입니까? 믿음입니까? 오늘 고난 속에서 신음하는 우리는 솔직히 이렇게 외치고 있는 것은 아닐까요?

"돌로 떡을 만드십시오."
"저 높은 성전 꼭대기에서 뛰어내리십시오."
"천하만국을 취하십시오."

우리는 삼손이나 사울 왕, 그리고 솔로몬 왕과 같은 세상적 성공을 보았습니다. 그러나 그런 성공이 결국 자기 만족과 교만에 빠져 하나님을 떠나고 파멸에 이르는 길이었다는 사실을 배웠습니다.

우리나라의 현대사에서도 마찬가지 교훈을 얻을 수 있습니다. 초대 대통령이었던 이승만 대통령을 비롯해 박정희, 전두환, 노태우, 김대중, 노무현, 이명박, 그리고 박근혜 대통령에 이르기까지, 그들의 세상적 성공은 결국 치욕의 역사로 전락하고 말았습니다.

그런가 하면 우리는 성경에서 홍해를 가르는 모세의 기적을 보았습니다. 엘리야의 수많은 기적을 보았습니다. 예수님께서 물고기 두 마리와 떡 다섯 개로 5천 명을 먹이시는 기적을 보았습니다. 죽었던 나사로를 살리시는 기적도 보았습니다. 그러나 성경은 그런 초현실적 기적들이 우리의 믿음을 만들어내지 못한다는 것을 교훈하고 있습니다.

다시 말해 기적은 믿음이 아니라는 것입니다. 벳새다 언덕에서 한 어린아이가 믿음으로 물고기 두 마리와 떡 다섯 개를 주님께 드릴 때, 그것은 5천 명을 배불리 먹이는 기적을 나타냈습니다. 그러나 그 기적을 체험한 나머지 4,999명은 그 누구도 믿음을 갖지 못했습니다. 이렇듯 기적은 믿음을 가져오지 못합니다. 그러나 믿음은 기적을 나타냅니다. 우리는 기억하지 않으면 안 됩니다. 예수님은 알라딘의 램프에 등장하는 요술쟁이가 아니라는 사실을 말입니다. 그리고 우리의 기도는 온갖 보화로 가득찬 아리바바의 동굴을 여는 신비한 주문도 아니라는 사실을 말입니다.

잠시 눈을 돌려 성경의 기적에서 반대쪽을 돌아보십시오. 동방의 의인이라던 욥은 왜 그런 혹독한 고난을 당해야만 했습니까? 욥의

믿음과 기적 사이

경우야말로 세상의 축복과 믿음의 문제라는 두 가지 관점에서, 오늘 우리에게 실로 많은 것을 생각하게 합니다.

수많은 기독교 서적을 쓴 우리 시대의 탁월한 저술가인 필립 얀시(Philip Yancey)는 《하나님 당신께 실망했습니다》라는 책에서 이렇게 말합니다.

"욥은 믿음이 가장 비합리적으로 보일 때 오히려 믿음이 가장 필요하다는 사실을 가르치고 있다."

필립 얀시는 이어서 다시 이렇게 말합니다.

"욥기는 '왜?'라는 질문에 만족할 만한 대답을 주지 못하고 있다. 대신에 '무슨 목적 때문에?'라는 질문을 하게 만든다. 욥은 끝까지 진실하게 믿음을 지킴으로써 이 세상의 고통과 불공평한 현실을 반전시키는 데 큰 역할을 감당했다."

우리가 기억해야 할 사실이 있습니다. 예수님께서는 공생애 3년 동안 숱한 기적을 나타내시면서도 자신의 안락함이나, 또는 자신을 위험으로부터 지키기 위해, 그리고 자신의 가정을 위해서는 단 한 번도 어떤 초자연적인 기적을 나타내지 않았다는 사실입니다.

십자가에 달리시기 전날 밤, 겟세마네 동산에서 피 같은 땀을 흘리며, 그 잔이 당신에게서 떠나가기를 간절히 기도하시는 예수님의 모습을 바라보십시오. 그리고 십자가 위에서 무력하게 죽어 가는 예수님의 모습을 바라보십시오. 창조주 하나님이신 그분께서 왜 그런 고난을 당해야 했던 것입니까?

다윗은 자신에게 다가온 숱한 고난 속에서도 결코 기적을 바라지 않았습니다. 그리고 어떤 상황 속에서도 결코 여호와 하나님을 저버리지 않았습니다. 다윗에게 있어서 여호와 하나님은 영원하신 목자였기 때문입니다. 그리고 그 목자는 언제나 지팡이와 막대기로 다윗을 안위하셨던 것입니다.

우리에게 고난이 찾아올 때, 물론 우리는 그 고난으로부터 벗어나게 해달라고 하나님께 기도할 수 있습니다. 그러나 그 하나님을 조정할 수는 없습니다. 그럼에도 불구하고 여전히 다반사(茶飯事)로 찾아오는 고난의 현실 속에서도 우리가 참고 극복할 수 있는 것은, 바로 그 하나님은 우리의 진실된 위로자이기 때문입니다. 그렇다면, 다시 말해 우리에게 영원한 위로자가 계신다면, 오늘 내가 비록 사망의 음침한 골짜기를 지날지라도 기쁨과 감사함으로 당당히 나아갈 수 있지 않을까요?

주님은 우리의 연약함을 아십니다. 그래서 우리에게 진실된 위로자가 필요하심도 아십니다. 그래서 주님은 이 땅을 떠나시기 전 우리에게 이런 약속을 하셨던 것입니다.

"내가 아버지께 구하겠으니 그가 또 다른 보혜사를 너희에게 주사 영원토록 너희와 함께 있게 하시리니"(요 14:16).

보혜사(保惠師)는 좀 어려운 말인데 진리의 영(靈)인 성령을 뜻합니다. 보혜사는 헬라어로 파라클레테스(paracletes)입니다. 이 말은 영어로 comforter, 즉 위로자라는 뜻입니다. 바로 주님은 우리와 함께하심으로 언제나 우리를 위로하신다는 것입니다. 우리가 성령충만할 이유가 바로 여기에 있습니다.

그러면 무엇이 성령충만입니까? 바로 주님과 함께하는 것입니다. 주님이 내 안에, 그리고 내가 주님 안에 있는 것입니다. 그래서 삶 속에서 끝없이 주님의 임재를 느끼는 것입니다.

스펄전(Charles H. Spurgeon, 1834-1892) 목사님은 15분마다 한 번씩 하나님의 임재를 느꼈다고 합니다. 그러면 한번 계산을 해봅니다. 하루 24시간 중 수면 시간 8시간을 빼면 눈 뜨고 있는 시간은 16시간입니다. 그러면 한 시간에 네 번씩 하나님의 임재를 느꼈으니까 하루에 64번 이상 하나님의 임재를 느꼈다는 것입니다. 스펄전 목사님은 그토록 성령충만했던 분이었기에 평생 자신을 괴롭히던 지독한 우울증에도 불구하고 '설교의 황태자'라 불리우며 하나님께 가까이 나아갈 수 있었던 것입니다.

이제 각자 자신을 돌아봅니다. 저와 여러분은 하루에 몇 번이나 하나님의 임재를 느낄까요? 여기서 하나님의 임재 속에 살았던 어떤 사람의 낙서 하나를 소개해드립니다. 여러분, 아우슈비츠를 기억하십니까? 제2차 세계대전 당시 독일이 유태인들을 학살하기 위해 폴란드에 만들었던 강제 수용소입니다. 이곳은 나치가 세운 수용소 중 가장 큰 곳입니다.

1945년 기준 약 600만 명의 유태인들이 학살당했습니다. 그런데 이

곳 아우슈비츠수용소에서 학살당한 사람만 무려 400만 명입니다. 이 곳에 갇혀 있다가 죽음의 가스실로 가기 직전 사람들이 수용소 벽에 남긴 낙서 중 한 그리스도인이 남긴 이런 글이 있습니다.

"우리는 메시아가 올 것으로 믿는다. 단지 그분의 도착이 조금 늦을 뿐이다."

시시각각 다가오는 죽음의 공포 속에서도 여전히 자기 신앙을 굳건히 지키며, 결국에는 메시아가 올 것이라는 소망 속에 아름다운 천국을 품고 있는 한 믿음의 선배의 모습을 바라보는 우리들의 마음이 이토록 찡하게 울려오는 이유는 무엇일까요?

오늘 고난 당하고 있습니까? 그 고난이 너무 커서 견디기 힘드십니까? 밤을 새워 기도하고 목이 터져라 소리쳐 불러봐도 여전히 하나님은 침묵하십니까? 그럼에도 우리가 잊지 말아야 할 진리가 있습니다. 하나님은 지금 고난 당하는 여러분의 곁에서, 여러분과 함께 똑같은 고난을 당하고 계시다는 사실입니다.

그리고 여러분이 그 고난 속에서 눈물 흘릴 때, 그분 또한 여러분과 함께 뜨거운 눈물을 흘리고 계십니다. 그렇다면 오늘 모진 고난을 당하는 여러분 또한 그분의 섭리를 믿고 기대해야 합니다. 저 높은 곳을 바라보며 말입니다.

그럼에도 불구하고 여러분이 이런 믿음과 소망을 간직하고 있는 한, 주님의 지팡이와 막대기가 여러분을 안위하실 것이기 때문입니다.

기/도/문

우리는 삶 속에서 수많은 고난을 당하고 있습니다. 그 참담한 고난 앞에서 눈물로 기도하며 외쳐봅니다. 그럼에도 여전히 침묵하시는 하나님, 그래서 '진정 하나님은 안 계신 것인가?' 하는 의심이 짙은 안개처럼 우리의 영혼을 감쌀 때도 있습니다. 그런가 하면 왜 선한 사람이 고난을 당하고, 반대로 악한 사람이 복을 받는 것인가 하는 의문에서 헤어날 수 없습니다.

이런 고난과 악이 득세하는 세상 속에서, 그럼에도 불구하고 우리가 소망을 가질 수 있는 것은 주님께서 언제나 우리의 진정한 위로자가 되어 우리 곁에 가까이 계시기 때문입니다.

다가오는 고난 속에서 기적만을 바라는 헛된 신앙이 아니라, 그럼에도 불구하고 믿음 안에서 우리의 위로자 되시는 주님만을 바라보며 담대하게 나아가는 신실한 그리스도인이 되기 원합니다. 아멘.

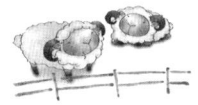

하늘의 북소리를 듣습니까?

"주께서 내 원수의 목전에서 내게 상을 베푸시고 기름으로 내 머리에 바르셨으니 내 잔이 넘치나이다"(시 23:5).

여러분, 원수가 있습니까? 그러면 그 원수는 누구입니까? 우리는 원수라는 말을 할 때, 흔히 그 앞에 '철천지'라는 말을 집어넣습니다. 그래서 이렇게 말합니다. '철천지 원수'. 이 말의 원래의 한자말은 철천지수(徹天之讎)입니다. 이는 '하늘에 사무치도록 한이 맺히게 한 원수'라는 뜻입니다.

그러나 성경에서는 원수라는 말을 좀 더 광범위하게 해석합니다. 그것은 나를 아프게 하고, 힘들게 한 사람을 포함합니다. 그러면 우리가 살아오는 동안 그런 사람들, 다시 말해 원수는 얼마나 많겠습니까? 혹시 여러분의 마음속에서 아직도 용서하지 못하는 원수가 있습니까? 그래서 그를 생각하면 여전히 화가 치밀고 심장이 요동치며 호흡이 가빠지지는 않습니까? 아직도 꼴 보기 싫은 사람이 있습니까? 아직도 마주치기 싫은 사람이 있습니까? 아직도 이런 사람이 여러분 주변에 있다면, 그는 바로 여러분의 원수임에 틀림 없습니다.

다윗은 이렇게 외칩니다.

"주께서 내 원수의 목전에서 내게 상을 베푸시고"(시 23:5).

이 구절은 흔히 상을 주는 것으로 알고 있는 분들이 있습니다마는, 원수 앞에서 밥상을 차려 주신다는 것입니다. 원수 앞에서 밥상을 차려 주신다는 것은 사실 낯선 말입니다. 고상한 말로 잔치를 베풀어 주신다는 것입니다. 이 말씀을 이해하려면 다윗이 양치기 목자였다는 사실을 먼저 기억해야 합니다.

앞에서 설명한 대로 목자는 양떼를 이끌고 계절에 따라 방목장을 이동합니다. 산 밑에서부터 높은 산 정상까지 점차 이동하면서 양들에게 꼴을 먹입니다. 그런데 산꼭대기로 올라가는 도중 음침한 죽음의 골짜기를 만납니다. 그 골짜기는 좁고 험하여 양들이 천 길 낭떠러지로 떨어지는 위험에 직면하기도 합니다.

그런가 하면 때로는 거센 폭풍우가 몰아치고, 때로는 산사태가 나기도 하며 커다란 바위가 굴러 떨어지기도 합니다. 그리고 골짜기에 불어난 물로 인하여 그 위험은 더욱 커지는 것입니다. 이런 위험을 무릅쓰고 산 정상에 오르면 비로소 드넓은 푸른 초장과 맑은 물이

고여 있는 평평한 바위 지대를 만나게 됩니다. 이런 곳을 목자들은 '메사'라고 부릅니다. 메사는 멀고도 험한 죽음의 골짜기를 지나야 도달하는 곳입니다. 하지만 목자는 많은 시간과 노력을 기울여 양들을 이곳으로 안전하게 인도하는 것입니다. 그리고 목자는 이른 봄 눈이 채 녹기 전 양떼보다 앞서 메사로 사전 답사를 떠납니다. 그것은 바로 양들에게 베풀 상을 준비하기 위해서입니다. 메사에 다다른 목자는 그곳을 주의 깊게 답사하는 것은 물론이고 주변의 독초를 철저히 뽑아냅니다. 양들이 잘못하여 독초를 먹고 죽을 수 있기 때문입니다. 그리고 목자의 또 하나의 임무는 사나운 맹수들을 감시하는 것입니다. 목자는 맹수의 발자취나 흔적을 찾기도 하고, 만약 맹수가 공격할 때에는 직접 그 맹수와 싸워 물리침으로써 양들이 편히 쉴 수 있도록 하는 것입니다.

그런 후에 목자는 메사에서 양들이 깨끗한 물을 마실 수 있도록 연못 주변에 떨어진 나뭇가지나 쌓여 있는 낙엽을 정리하는가 하면, 그 주위에 널려 있는 가시덤불 등을 걷어내고 초장을 정리하기도 합니다. 그리하여 목자는 양들을 위한 안전한 메사를 준비합니다. 양들을 위험에 빠뜨리는 그 모든 것들이야말로 양들에게 있어서는 바로 원수와 같은 것들이기 때문입니다. 이 모든 과정을 거쳐 목자는 양들에게 상을 베푸는 것입니다. 그리고 숱한 어려움과 죽음에 대한 위협 속에서 오직 목자를 믿고 순종하며 따라온 양들은, 그때 메사에서 편히 상차림을 받을 수 있는 것입니다.

우리가 바로 알아야 할 진리가 있습니다. 많은 사람들이 그리스도인이 되기만 하면 넘치는 축복과 기쁨이 찾아오는 것으로 알고 있습니다. 자동적으로 영광의 삶이 활짝 열리는 것으로 착각하고 있습니다. 이것이야말로 잘못된 신앙관입니다. 그리스도인이 된다고 갑자기 삶이 달라지지 않습니다. 그리스도인들에게도 세상 사람들과 같은 고난이 찾아옵니다. 양들이 목자를 따라 온갖 어려움과 고난이 기다리고 있는 죽음의 골짜기를 지나는 것처럼, 우리 또한 고난의 인생길을 걸어가야 합니다. 우리의 여정에도 온갖 장애물이 있습니다. 육신의 정욕과 안목의 정욕, 그리고 이생의 자랑 같은 화려한 세상의 우상들이 우리를 유혹의 깊은 늪속으로 잡아당깁니다. 그런가 하면 수많은 원수들로 인해 마음의 상처는 깊어지고 몸은 지치고 피곤합니다. 그러니 온갖 스트레스가 쌓이는 것은 물론이고, 급기야는 우울증을 비롯한 각종 질병에 시달리기도 하는 것입니다.

신앙생활이란 무엇입니까? 그것은 한마디로 영적 싸움입니다. 원수와의 싸움입니다. 바로 마귀와의 싸움입니다. 우리는 그 마귀를 흔히 '원수 마귀'라고 합니다. 마귀는 다른 말로 사탄이라고 합니다. 사탄이라는 말의 뜻이 본래 '원수'라는 뜻입니다. 따라서 이 원수 마귀는 언제라도 우리를 쓰러뜨리기 위해 혈안이 되어 있습니다.

"우리의 씨름은 혈과 육에 대한 것이 아니요 정사와 권세와 이 어두움의 세상 주관자들과 하늘에 있는 악의 영들에게 대함이라"(엡 6:12).

사도 바울은 우리의 싸움의 상대가 누구인지 분명히 밝히고 있습니다. 우리의 싸움의 상대는 이 세상이 아니라는 것입니다. 다시 말해 이 세상을 주관하는 돈이나 명예 권세, 그리고 부귀영화가 아니라는 것입니다. 그리고 이 세상 사람들도 아니라는 것입니다. 우리의 싸움은 바로 이 세상 임금 노릇을 하고 있는 원수 마귀, 사탄이라는 것입니다. 그런데 이 원수가 싸움을 하기 위해 지금 우리를 기다리고 있습니다.

"근신하라 깨어라 너희 대적 마귀가 우는 사자같이 두루 다니며 삼킬 자를 찾나니"(벧전 5:8).

사도 베드로는 사탄의 존재를 실감나게 표현하고 있습니다. 생각해 보십시오. 사탄이 굶주린 한 마리 사자처럼 으르렁거리며 우리를 삼키려 찾아다니고 있는 모습을…. 이 말씀 앞에 서면 그만 모골(毛骨)이 송연(悚然)해집니다. 그리스도인이 되었다는 것은 바로 사탄과의 싸움에 나선 것을 의미합니다. 그렇다면 우리는 이미 사탄과의 싸움을 위해 인생이라는 경기장에 나선 선수들입니다. 그리고 그 싸움은 목숨 걸고 싸우는 치열한 싸움입니다.

성경은 우리의 싸움의 대상이 바로 이 세상에서 임금 노릇 하고 있는 사탄이라고 분명히 말합니다. 그런데 아직도 우리 싸움의 상대가 누구인지 알지 못하고 여전히 이 세상과의 싸움, 다시 말해 육신을 위한 싸움에만 몰두하고 있다면, 이것이야말로 잘못된 싸움을 하고 있는 것입니다. 헛된 짓거리를 하고 있는 것입니다.

목자가 양들을 안전하게 메사로 인도하기 위해 미리 그곳으로 답사를 떠나 모든 것을 철저히 살피고 준비하는 것처럼, 주님께서 이 땅에 오셔서 우리를 위한 모든 준비를 마치셨습니다. 주님은 우리 곁에 오셔서 우리와 함께 아픔을 나누셨습니다. 그리고 마지막에는 십자가에 오르심을 주저하지 않으셨습니다. 주님은 바로 원수들의 목전에서 우리에게 풍성한 상을 차려 주시기 위해 고난의 골고다 언덕을 회피하지 않으신 것입니다. 바로 우리를 위한 잔치를 베푸시기 위해서, 바로 천국잔치를 위해서입니다. 그렇습니다. 그 잔치야말로 우리가 목자 되신 예수 그리스도를 따라 음침한 사망의 골짜기를 지나 비로소 승리했을 때, 주님께서 우리에게 차려 주시는 성대한 승리의 잔치요 기쁨의 잔치입니다.

사실 사람들은 날마다 삶 속에서 화려한 잔치를 꿈꾸고 있습니다. 잘 먹고 잘 살기 위한, 다시 말해 혈과 육을 위한 잔치 말입니다. 사실 이런 것들이야말로 이 세상 사람들이 누리려고 하는 지상 최고의 잔치가 아니겠습니까? 그러나 우리가 깨달아야 할 진리가 있습니다. 세상의 잔치는 사막의 신기루 같은 것에 불과합니다. 그 잔치가 끝나면 잠시 찾아왔던 기쁨의 흔적 위에 무언가 알 수 없는 짙은 공허감을 남깁니다. 그래서 사람들은 잔치가 끝나면 또 다른 잔치를 준비합니다. 하지만 그렇게 수많은 잔치를 마련하고 즐겨도 타는 목마름처럼 여전히 찾아오는 내면의 공허감은 결코 그 무엇으로도 채울 길이 없습니다.

그런데 주님은 우리에게 영원한 잔치에 대한 소망을 주셨습니다. 바로 모든 원수를 이기고 그 앞에서 받는 잔칫상입니다. 그것은 세상의 잔치와는 전혀 다릅니다. 그것은 사랑하는 성도들, 그리고 형제자매와 함께 충만한 기쁨으로 누릴 수 있는 잔치, 그리고 영원토록 주님과 함께 누릴 수 있는 영광과 은혜의 잔치입니다.

그러면 원수의 목전에서 주님께서 차려 주시는 이런 잔칫상을 받을 사람은 누구입니까?

첫째, 목자 되신 주님만을 믿고 순종하며 따라가는 사람입니다.

주님은 말씀하십니다.

"세상에서는 너희가 환난을 당하나 담대하라 내가 세상을 이기었노라"(요 16:33).

주님께서 먼저 그 길을 걸어가셨습니다. 그리고 세상을 이기셨습니다. 죽음을 이기셨습니다. 원수를 이기셨습니다. 바로 사탄을 이기셨습니다. 주님이 이기셨다면, 주님을 목자로 믿고 따르는 우리 또한 주님과 함께 세상을 이길 수 있습니다. 그리고 주님과 함께 세상을 이긴 자만이 그 상을 받을 수 있습니다.

둘째, 자기의 싸움 상대가 누구인지 알고 싸우는 사람입니다.

우리의 싸움 상대가 누구입니까? 돈과 명예와 권세, 부귀영화로 대표되는 세상의 것들, 그리고 세상의 원수들이 아닙니다. 우리의 싸움 상대는 바로 사탄입니다. 우리의 싸울 상대가 사탄임을 알고 성령충만하여 대적하는 사람만이 승리할 수 있습니다. 그리스도인이란 바로 자기의 싸움의 상대가 누구인지를 바로 아는 사람입니다.

셋째, 천국에 대한 소망을 품고 살아가는 사람입니다.

신학적으로 천국을 이렇게 정의합니다. "그리스도인에게 있어 천국은 아직 도달하지 않았지만, 천국은 이미 시작되고 있다."
예수님은 이렇게 말씀하십니다.

"하나님의 나라는 너희 안에 있느니라"(눅 17:21).

천국을 너무 공간적인 개념으로만 생각하지 마십시오. 그런 사람에게 천국은 지금 여기에 존재하지 않습니다. 바로 저곳에 있기 때문입니다. 그렇다면 그런 사람에게 있어 이 세상에서의 삶은 오직 고난뿐입니다. 그러므로 오직 저 천국의 삶만을 바라보며 오늘의 현실을 체념한 채 살아가고 있다면 이것은 잘못된 신앙관입니다.
주님은 말씀하십니다.

"내가 온 것은 양으로 생명을 얻게 하고 더 풍성히 얻게 하려는 것이라"(요 10:10).

참된 신앙인이라면 그는 마음속에 천국을 소유한 자입니다. 따라서 그는 이미 이 땅에서 천국에의 삶을 누리고 있는 사람입니다. 그래서 그는 어떤 상황에서라도 기쁨과 소망과 감사의 삶을 사는 것입니다.
사실 우리는 모두 하나님과 원수 되었던 사람들이었습니다. 그런데 하나님께서 우리와 화목하기 위해 독생자 예수 그리스도를 보내 주셨습니다. 그리고 그를 십자가에 못 박으시기까지 다시 하나님과 화목하게 하셨습니다. 죄의 종, 다시 말해 사탄의 종이었던 우리를 하나님께서 당신의 자녀로 삼아 주신 것입니다. 그렇다면 이제 우리의 삶은 다시 예전으로 돌아갈 수 없습니다. 혈과 육으로 대변되는 썩어질 세상의 것들을 위해 우리의 삶을 더 이상 낭비할 수는 없습니다. 그것이야말로 백해무익(百害無益)한 짓이요, 절대 허무한 짓이기 때문입니다.

그러므로 사도 바울은 이렇게 고백합니다.

"그런즉 누구든지 그리스도 안에 있으면 새로운 피조물이라 이전 것은 지나갔으니 보라 새 것이 되었도다"(고후 5:17).

어떤 왕이 성대한 잔치를 마련했습니다. 세상에서 가장 귀한 잔치였습니다. 그래서 종들을 보내 초청장을 받은 사람들을 모셔오라고 했습니다. 그런데 모두 바쁘다며 그 잔치에 오기를 거절합니다. 이에 왕은 다시 종들을 보내 정중하게 손님을 청했습니다. 그럼에도 불구하고 청함을 받은 그들은 여전히 그 잔치에 오는 것을 귀찮다는 듯이 돌아서 떠나갑니다. 어떤 사람은 자기 비즈니스 하기 바쁘다며 떠나갑니다. 어떤 사람은 요즘 부동산 값이 올랐다며 집을 사러 갑니다. 어떤 사람은 세계 일주 크루즈 여행을 떠납니다. 귀한 잔치에 청함을 받은 사람들이 모두 그 잔칫상을 걷어차버렸습니다. 이 이야기의 마지막 말씀이 우리의 마음을 아프게 합니다.

"청함을 받은 자는 많되 택함을 입은 자는 적으니라"(마 22:14).

주님은 지금도 여전히 우리를 천국 잔치에 오라고 부르십니다. 그럼에도 그 잔치에 참예하려는 자는 많지 않습니다. 하나님께서 함께 일하자고 해도, 함께 이야기하자고 해도, 그리고 함께 춤추고 노래하자고 해도 사람들은 세상 일이 바쁘고 할 일이 많다면서 번번이 하나님을 무시하고 슬프게 합니다. 그래서 주님은 이런 세상을 가리켜 "이 세대는 악한 세대라"(눅 11:29)고 탄식하셨던 것입니다.

세상 사람들은 오직 소유의 많음이 행복을 가져오는 것으로 착각하고 있습니다. 그리하여 거대 자본은 모든 것을 끝없이 확대 재생산하면서 인간의 욕망에 더욱 뜨거운 불을 붙입니다. 세상이 찾고자 하는 그 행복은 여전히 실종 상태입니다. 그리하여 결국 소유는 더 많은 소유를 낳고, 결국에는 다 타고 남은 재처럼 짙은 허무만을 상처로 남길 뿐입니다.

모두가 아름답고 화려한 백향목만을 바라봅니다. 그러나 작은 겨자씨 한 알을 바라보며 거기서 싹이 터서 푸른 숲을 이루고 새들이 노래하는 것을 꿈꾸는 자는 적습니다.

미국의 철학자이자 시인이며 수필가인 헨리 데이빗 소로우(Henry David Thoreau, 1818-1862)는 이런 말을 했습니다.

"모두가 발을 맞추어 행진하는 대열에서 벗어나 딴 길로 가는 이가 있다면, 그는 다른 고수(鼓手)의 북소리를 듣고 있기 때문이다."

세상의 북소리가 분요(紛擾)하게 들려옵니다. 수많은 사람들이 그 북소리에 발맞추어 의기양양하게 그 길을 따라갑니다. 그런데 그 길에서 이탈하여 조용히 다른 길을 가는 사람이 있습니다. 그는 다른 북소리를 듣는 사람입니다. 바로 하늘의 북소리를 듣는 사람입니다.

우리 그리스도인이야말로 세상의 북소리가 천지를 진동하듯 울려 퍼지는 가운데서 조용히 울리는 하늘의 북소리를 듣는 사람입니다. 그 북소리는 바로 하늘의 잔치를 알리는 북소리입니다. 바로 우리를 잔치에 초대하시는 하나님의 음성입니다.

기/도/문

우리의 인생길은 험난합니다. 우리가 걸어가는 길목마다 예기치 않은 수많은 장애물이 놓여 있습니다. 말할 수 없는 고난이 다가옵니다. 사탄은 우는 사자처럼 삼킬 자를 찾아다니며 우리를 유혹합니다. 이 어지러운 삶의 길에서 우리가 의지할 수 있는 분은 오직 목자 되신 주님밖에 없음을 고백합니다.

모두가 편한 길을 걸어가려고 합니다. 돈과 명예와 권세로 대변하는 이 세상의 부귀영화가 행복을 가져올 것이라는 착각 속에 빠진 수많은 사람들이 잘못된 길을 걸어가고 있습니다.

분요한 세상의 소리 중에서 오직 주님의 소리를 들을 수 있는 믿음의 귀를 허락해 주시옵소서. 하늘의 북소리를 들을 수 있는 은총을 허락해 주시옵소서. 그 어떤 소리에도 흔들리지 않고 오직 주님의 목소리만을 듣고 따라가는 우리가 되기 원합니다. 그리하여 주님이 차려 주시는 천국잔치에 기쁨으로 참예하는 자가 되기 원합니다. 아멘.

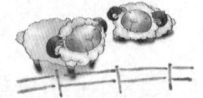

성령의 기름부음으로

"주께서 내 원수의 목전에서 내게 상을 베푸시고 기름으로 내 머리에 바르셨으니 내 잔이 넘치나이다"(시 23:5).

우리는 예수님의 이름을 말할 때, 흔히 '예수 그리스도'라고 합니다. 그러나 정확히 말하면 그리스도는 예수님의 이름이 아닙니다. 예수님의 이름은 그냥 '예수'입니다. 영어로 Jesus입니다. 그리고 그리스도란 헬라어로 '기름부음을 받은 자'라는 뜻입니다. '기름부음'(anoint)에 해당하는 헬라어는 '크리오'(chrio)이고 '기름붓다'(anointing)에 해당되는 단어는 크리스마(chrisma)입니다. '그리스도'(Christ)가 여기서 파생되었습니다. 그리고 같은 의미의 메시아라는 말은 히브리어로 '마샤크'(mashakh)라는 단어에서 파생되었습니다.

성경에는 '기름을 붓는다'는 말이 여러 곳에서 등장합니다. 우선

구약시대에 기름부음을 받은 대표적인 세 종류의 사람이 있습니다. 왕과 제사장과 선지자입니다.

특히 이스라엘의 왕들에게 기름을 부었다는 사실은 매우 중요한 의미를 지닙니다. 그들은 기름부음을 받음으로써, 자신이 왕이 될 자격이 있음을 공적으로 인정받았던 것입니다. 특별히 사울과 다윗과 솔로몬은 '하나님의 기름부음을 받은 자' 즉 메시아라는 칭호로 불렸습니다. 이사야와 다니엘은 바사(페르시아) 왕 고레스에게도 '메시아'란 칭호를 사용하였으며(사 45:1; 단 9:25), 시편에서는 메시아라는 말이 왕에 대한 일반적인 칭호로 사용되었습니다. 구약시대의 왕들은 참 메시아이신 예수 그리스도의 예표로서 이 칭호가 붙여졌던 것 같습니다.

오늘 본문에서 다윗은 이렇게 고백합니다.

"기름으로 내 머리에 부으셨으니"(시 23:5).

시편 23편은 다윗이 왕이 된 이후에 기록한 시입니다. 따라서 혹자는 그가 왕이 될 때의 기쁨을 말한 것으로 오해하기도 합니다. 그러나 여기 나오는 단어는 히브리어 '마샤크'(mashakh)가 아니라 '다샨'(dashan)이라는 전혀 다른 동사입니다.

'아무개의 머리에 기름을 붓다'라는 표현은 '아무개를 극진한 손님으로 맞아준다'는 뜻을 지닌 히브리어 표현입니다.

표준새번역에서는 시편 23편 5절을 다음과 같이 번역했습니다.

"주께서는 내 원수들이 보는 앞에서 내게 잔칫상을 차려 주시고 내 머리에 기름부으시어 나를 귀한 손님으로 맞아주시니 내 잔이 넘칩니다."

왕이나 선지자, 제사장 외에도 기름부음이 여러 가지 의미로 행해졌음을 알 수 있습니다. 구약시대 유대인들은 기쁠 때나 혹은 죽은 사람에 대한 애도의 기간이 끝났을 때 자기 머리에 손수 기름을 붓거나 발랐습니다. 또한 봉헌의 상징이 되는 물건들 위에도 기름을 부었습니다. 벧엘에서 야곱이 베고 잤던 돌, 모세 시대의 성막과 언약궤와 거룩한 그릇들을 예로 들 수 있습니다.

구약에서는 하나님의 백성 전체를 가리켜 '기름부은 자들'이라고 말한 적이 있습니다(대상 16:22; 시 105:15). 신약 시대에는 기름을 붓는 일이 보다 보편화되었습니다. 잔치 때 손님에게 기쁨이나 감사의 표시로 기름을 부었으며, 금식할 때도 기름을 바르는 규례가 있었습니다. 또한 기름은 상처를 치료하는 구급약으로 사용되었으며, 주의 이름으로 병든 자를 치료할 때도 기름을 바르고 병이 낫기를 기도했습니다. 그런가 하면 마리아가 사랑의 표시로 예수님의 발에 기름을 부었을 때, 예수께서는 그 일이 자신의 장례를 미리 준비하는 일이라고 말씀하셨습니다.

앞에서 말씀드린 대로, 목자를 따라 온갖 위험과 고난이 기다리고 있는 죽음의 골짜기를 지나온 양들은 드디어 산꼭대기 메사에 도달합니다. 그곳은 푸른 초장이 드넓게 펼쳐져 있고 마음껏 마실 수 있는 맑은 샘물이 흐릅니다. 그런가 하면 그곳에는 넓고 평평한 바위가 놓여 있습니다. 메사야말로 양들이 지내기에 최고의 자리입니다. 메사에 오른 양들은 바로 그곳에서 목자가 준비한 푸짐한 상차림을 받는 것입니다.

그런데 여기 하나의 문제가 있습니다. 바로 파리떼를 비롯한 해충들이 양들을 공격하는 것입니다. 그 가운데 양들에게 있어 가장 두렵고 고통스러운 것은 코파리입니다. 코파리는 아주 작은 파리인데, 이 파리들은 양의 코를 공격합니다. 양의 코에 덮인 촉촉하고 끈끈한 점막에 알을 낳으려고 양들의 주변을 날아다니며 괴롭힙니다. 그러다가 양의 코에 알을 낳게 되면, 그 알은 며칠 안에 부화하여 구더기가 됩니다. 그 작은 코파리의 구더기들이 양의 콧구멍을 통해 머릿속으로 들어가 뇌에 기생하면서 양에게 극심한 고통을 주는 것입니다.

이로 인해 양들은 악성 염증을 일으키게 됩니다. 이렇게 되면 양들은 그 고통에서 벗어나기 위해 이리저리 날뛰며 숲 속의 나무나 바위 등에 사정 없이 부딪히는 것입니다. 머리를 땅에 대고 문질러대는가 하면, 산 위에서 밑으로 굴러내리기도 합니다. 양들의 처절한 고통이 시작되는 것입니다. 그렇게 미친듯이 날뛰다가 잘못하여 눈이 상하거나 심지어는 목숨을 잃는 경우도 있습니다.

그래서 목자는 이를 예방하기 위해 양들의 머리와 코에 미리 기름을 발라줍니다. 그러면 코파리들이 접근하지 못하기 때문입니다. 그것은 아마유, 유황, 타르를 섞은 기름입니다. 이 기름은 이미 코파리에 감염된 양에게도 큰 효과가 있습니다. 이 기름을 바른 양들은 비로소 고통에서 벗어나 평안을 되찾고 풀을 뜯을 수 있습니다.

그리고 또 하나의 문제점은 양들에게 찾아오는 옴병입니다. 이것은 양들에게 아주 괴롭고 전염이 잘되는 병입니다. 이 병에 대처하는 것도 역시 아마유에 유황과 기타 다른 화학물질을 섞어 만든 것입니다. 이를 예방하기 위해 목자는 큰 기름통을 설치해 모든 양들을 그 속에 집어넣고 양의 전신을 푹 담그게 합니다. 가장 힘든 일은 머리를 적시는 것입니다. 양의 머리에 붙어 있는 옴균을 완전히 죽이기 위해서는 여러 번 머리를 기름통에 담가야 합니다. 그래서 목자들은 양의 머리 부분에 대해서는 몹시 주의를 기울입니다. 예전 팔레스타인 지방에서 양의 옴병에 대해 전해오는 치료제로는 유황과 그 밖의 여러 가지 향료를 섞은 감람유였던 것을 이해해야 할 것입니다.

다윗이 시편 23편에서 "기름을 내 머리에 바르셨으니"라고 고백할 때, 그는 분명히 양치기 목자 시절에 양들의 머리에 기름을 발라주었던 사실을 기억했을 것입니다.

우리가 열심히 예수를 믿고자 하면 언제나 우리를 괴롭히는 사람들이 있습니다. 그런 사람들이 우리를 시험에 빠뜨립니다. 그런가 하면 세상의 죄악들이 온갖 화려한 모습으로 우리의 욕망을 자극하고 유혹합니다. 흡사 옴병에 걸린 양들이 서로 머리를 부벼댐으로 옴에 감염되는 것처럼, 세상 속에서 살아가는 우리들에게 죄악이 감염되는 것입니다.

날이 갈수록 세상이 어두워지고 있습니다. 참으로 악하고 음란한 세대입니다. 돈이 최고의 가치로 자리매김함으로써 인간의 정신은 어디론가 실종되고, 오직 물질이 이 세상을 지배하는 흉물스런 지배자로 등장했습니다. 사람들의 사고방식은 갈수록 혐오스러워지고, 포악해지고 있습니다. 세계 곳곳에서 무자비한 테러와 살상이 자행하고 있는가 하면, 여기저기서 수많은 폭력과 마약, 매춘이 들끓고 있습니다. 사람들은 증오와 편견과 탐욕과 냉소에 빠져 인간성을 상실해가고 있습니다. 이와 함께 고상한 것, 훌륭한 것, 순결한 것, 아름다운 것들에 대한 가치가 훼손되어 가고 있습니다.

그런가 하면 매스커뮤니케이션은 인간의 욕구와 충동을 주체할 수 없을 정도로 자극하는가 하면, 때로는 우리의 신앙조차 무장해제하게 만듭니다. 인터넷은 빠른 정보와 지식의 습득으로 생활의 편리함과 즐거움을 가져왔지만, 반면 인간의 나태와 무력감, 그리고 천박한 동물적 욕구의 충족이라는 엄청난 죄악을 선사했습니다. 손가락 하나 까딱하면 천국이요, 손가락 하나 잘못 까딱하면 지옥입니다.

오늘 우리는 첨단문명이라는 천 길 벼랑 사이 줄 위에서 아슬아슬한 줄타기를 하고 있는 위험한 곡예사들입니다. 그래서 독일의 철학자 니이체(W. F. Nietsche, 1844-1900)는 《짜라투스투라는 이렇게 말했다》라는 책에서, 오늘의 세대를 내다보며 이렇게 외쳤습니다.

"인간은 짐승과 초인 사이, 곧 심연 위에 매어진 하나의 밧줄이다. 저 쪽으로 건너가기도 위험하고, 줄 가운데 있는 것도 위험하고, 되돌아 보는 것도, 벌벌 떨고 있는 것도, 멈춰 서 있는 것도 위험하다."

그렇다면 우리의 나아갈 곳은 어디입니까? 누군가의 근원적인 도움이 없으면 천 길 낭떠러지 밑으로 떨어질 수밖에 없는 이 절망적 상황에서 우리를 구원할 절대자, 그분의 이름을 목 메어 불러봅니다.
"여호와 나의 목자시여!"

이사야 선지자는 800년 후 이땅에 오실 그분에 대해 이렇게 예언했습니다.

"주 여호와의 신이 내게 임하셨으니 이는 여호와께서 내게 기름을 부으사"(사 61:1).

메시아, 바로 우리의 목자로 오실 예수 그리스도에 대한 예언의 말씀입니다.

이사야는 이어서 이렇게 말합니다.

"무릇 시온에서 슬퍼하는 자에게 화관을 주어 그 재를 대신하며 희락의 기름으로 그 슬픔을 대신하며 찬송의 옷으로 그 근심을 대신하시고 그들로 의의 나무 곧 여호와의 심으신바 그 영광을 나타낼 자라 일컬음을 얻게 하려 하심이라"(사 61:3).

이는 장차 오실 메시아, 곧 예수 그리스도께서 슬픔과 고통, 그리고 절망과 파멸 속에 떨어질 사람들을 위로하고 구원하며, 함께 기쁨과 생명의 노래를 부르게 한다는 위대한 소망의 메시지입니다.

훗날 이사야 선지자의 예언은 그대로 성취되었습니다. 하늘의 하나님이 성육신하여 이 땅에 오셨습니다. 그리고 그분은 십자가에 올라 자신을 우리 대신 죄의 제물로 드림으로써 우리를 모든 죄악으로부터 대속하셨습니다. 슬픔과 고통, 죽음으로부터 영원히 우리를 해방시키셨습니다. 그리고 주님은 부활 승천하신 후, 대신 우리에게 성령을 보내주실 것을 약속하셨습니다. 그리고 그 성령께서 날마다 우리를 이끌어 가십니다.

그래서 사도 바울은 단호하게 말합니다.

"성령의 충만을 받으라"(엡 5:18).

그리스도인에게 성령의 충만함이 절실히 필요함을 역설하고 있습니다. 목자를 따라 위험한 사망의 골짜기를 지나 메사에 도착한 양들의 머리에 기름을 바르는 것처럼, 온갖 죄악이 난무하는 험한 세상을 살아가는 그리스도인들에게도 기름부음이 절대적으로 필요합니다. 그것은 바로 성령의 기름부음입니다.

토레이(R.A.Torrey, 1856-1928) 목사님은 매일 아침 잠에서 깨어나면 하나님께 이런 기도를 드렸다고 합니다. "하나님, 오늘 하루도 성령충만케 하옵소서. 만일 성령충만하지 않으면 단 한 마디의 말도 하지 말게 하여 주시옵소서." 이분은 바로 우리가 잘 아는, 한국 태백에 있는 예수원 원장을 지내셨던 대천덕 신부님의 할아버지입니다.

그러면 어떻게 하면 성령충만할 수 있을까요?

토레이 목사님은 자신이 쓴 책 《당신은 성령충만한가?》에서 그리스도인이 성령충만할 수 있는 방법에 대해 이렇게 말합니다.

첫째로, 성령충만하기 위해서는 하나님께서 우리를 용서하시는 유일하고도 충분한 근거로써 우리를 위하여 십자가에서 돌아가신 그리스도의 죽음을 의지해야 한다.

둘째로, 내가 알고 있는 모든 죄를 버려야 한다. 이를 위해 나의 생활에서 주님 보시기에 그릇된 것들을 드러내 달라고 간구해야 한다. 그리고 하나님을 슬프게 하는 것이 드러나면 아무리 귀한 것일지라도 떨쳐버려야 한다.

셋째로, 세상에서 그리스도를 공적으로 시인해야 한다. 성령은 세상에서 은밀하게 그리스도의 제자가 되려는 자에게 주어지지 않는다.

넷째로, 우리의 삶을 전폭적으로 하나님께 내어드려야 한다. 나의 생각이나 나의 주장 등, 곧 나의 모든 것을 포기하고, "나는 주의 것입니다. 주님 뜻대로 행하시옵소서"라는 고백이 있어야 한다.

다섯째, 명확한 간구가 있어야 한다. 주님께서 누가복음 11장 13절에서 이렇게 말씀하셨다.

"너희가 악할지라도 좋은 것을 자식에게 줄 줄 알거든 하물며 너희 하늘 아버지께서 구하는 자에게 성령을 주시지 않겠느냐."

여섯째, 단순하게 하나님의 말씀을 받아들이는 믿음이 있어야 한다. 하나님의 말씀은 오직 그 말씀을 믿을 때에만 그것을 누릴 수 있다.

성령충만하기 원하십니까? 그러면 누가 성령충만한 사람입니까? 그리고 그리스도인인 우리는 지금 성령충만합니까? 그것을 어떻게 알 수 있을까요? 대답은 간단합니다. 열매를 보면 알 수 있습니다. 성령충만한 그리스도인에게는 바로 그 성령의 열매가 맺히기 때문입니다.

사도 바울은 갈라디아서에서 그 열매를 이렇게 말합니다. 쉬운 말로 번역된 표준새번역으로 소개해드립니다.

"그러나 성령의 열매는 사랑과 기쁨과 평화와 인내와 친절과 선함과 신실과 온유와 절제입니다"(갈 5:22–23).

이것이 성령충만한 사람에게 열리는 열매입니다. 우리는 흔히 이를 '성령의 아홉 가지 열매'라고 말합니다. 성경은 흔히 육체와 성령을 반대의 개념으로 대비합니다. 이 둘은 적대관계에 있기 때문입니다. 따라서 육체의 소욕에 빠진 사람은 성령의 소욕을 거스를 수밖에 없고, 또 반대로 성령충만한 사람은 육체의 소욕을 거스를 수 없는 것입니다.

사도 바울은 육체의 소욕에 빠진 사람을 이렇게 규정합니다.

"육체의 일은 현저하니 곧 음행과 더러운 것과 호색과 우상숭배와 술수와 원수 맺는 것과 분쟁과 시기와 분냄과 당 짓는 것과 분리함과 이단과 투기와 술 취함과 방탕함과 또 그와 같은 것들이라 전에 너희에게 경계한 것같이 경계하노니"(갈 5:19–21).

그리고 이어서 바울은 '이런 사람들은 하나님의 나라를 유업으로 받을 수 없다'(갈 5:21)라고 분명히 말하고 있습니다. 참으로 두렵고 떨리는 말씀이 아닐 수 없습니다.

그러면 나는 지금 어떤 열매를 맺고 있는지 스스로에게 질문해봅니다.

나는 이웃을 사랑하고 있는가?

나는 항상 기뻐하고 있는가?

나는 평안한가?

나는 인내하고 있는가?

나는 이웃에게 친절한가?

나는 선한 삶을 살고 있는가?

나는 신실한가?

나는 온유한가?

그리고 나는 오늘 절제의 삶을 살고 있는가?

우리 속담에 '뿌린 대로 거둔다'는 말이 있습니다. 그리스도인임에도 불구하고 여전히 육체의 소욕에 빠져 성령의 열매를 맺지 못하고 있다면, 그것은 전적으로 자신이 책임져야 마땅할 일입니다. 콩 심은 데서 콩 나고 팥 심은 데서 팥이 나기 때문입니다. 그리고 이렇게 열매 맺지 못하는 나무는 결국 도끼로 찍힘을 당해 활활 불타오르는 아궁이 속에 던져질 것입니다.

신앙생활이란 무엇입니까? 그것은 한마디로 성령의 열매가 맺혀가는 과정이라고 할 수 있습니다. 한 그루의 무화과 나무에 작은 무화

과가 열려 점차 성장하며 익어가는 것처럼, 우리의 신앙생활 또한 그렇게 성숙해가는 것입니다. 성령의 열매가 맺혀 아름답게 익어가야 하는 것입니다. 비로소 그런 그리스도인에게서 그윽한 그리스도의 향기가 날 것입니다. 이것이 날마다 성령충만, 곧 성령의 기름부음이 절실히 필요한 이유입니다.

우리는 지금 대림절의 마지막 날을 맞고 있습니다. 오실 주님을 기다리고 있습니다. 바로 하나님의 참 기름부음을 받은 자 '그리스도 예수'를 기다리는 것입니다. 아직도 어둡고 침침한 뒷골목에서 비틀거리는 당신, 빛으로 오신 그분께 돌아 나오십시오. 삶에 지치고 피곤한 당신, 일어나십시오. 위로의 주님께 나아가십시오.

고난과 절망 중에 있는 당신 또한 일어나십시오. 참 소망의 주님께 나아가십시오. 그 주님 앞에 나아갈 때, 그분은 하나님의 거룩한 형상을 잃어버리고 비천한 죄의 종으로 살아가는 우리들의 머리 위에 기름을 부어 주실 것입니다.

그러면 그때 우리도 다윗처럼 기쁨에 겨워 이렇게 노래할 것입니다.

"내 잔이 넘치나이다!"

기/도/문

거룩하신 하나님! 지금까지 죄의 종으로 살아왔던 우리를 예수 그리스도의 십자가의 보혈로 씻어 주시고 당신의 거룩한 자녀로 삼아 주시니 감사합니다. 영원한 죽음에 떨어질 우리를 영원한 생명으로 인도해 주시니 감사합니다.

그리스도의 보혈로 말미암아 이제는 우리가 더 이상 죄의 종이 아니요, 택하신 족속이요, 왕 같은 제사장이요, 거룩한 나라요, 하나님의 소유된 백성임을 깨닫게 해주시사 날마다 성령의 기름 부음이 넘치도록 우리에게 이루어지게 해주시옵소서. 그리하여 우리가 가는 곳마다 그리스도의 향기가 넘치는 작은 예수로 살게 해주시옵소서. 아멘.

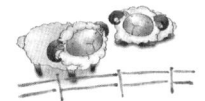

내 잔이 넘칠 때

"주께서 내 원수의 목전에서 내게 상을 베푸시고 기름을 내 머리에 바르셨으니 내 잔이 넘치나이다"(시 23:5).

여러분, 지금 행복하십니까? 그리고 지금까지 행복한 인생을 살아 오셨습니까?

이 물음에 그렇다고 흔쾌히 대답할 수 있는 분이 계십니까?

사람들은 모두 행복을 추구합니다. 그러면 무엇이 행복입니까? 그리고 어떤 사람이 행복한 사람입니까? 오늘 본문은 참 행복한 사람의 고백입니다. 바로 다윗입니다. 진정 행복했던 사람, 다윗은 이렇게 고백합니다.

"내 잔이 넘치나이다"(시 23:5).

지금 내 손에 든 잔이 넘치고 있다면, 채워진 잔을 다 비우고 또 비워도, 그럼에도 불구하고 내 잔이 여전히 넘치고 있다면…. 여기서 말하는 잔이란 단순히 술이나 물을 담는 그릇을 이름이 아닙니다. 그것은 바로 축복의 잔을 말합니다. 그렇다면 생각해보십시오. 이런 축복을 받는 사람, 그는 정말 복 있는 사람임에 틀림없을 것입니다. 그리고 그는 진정 행복한 사람일 것입니다. 다윗은 자신이 바로 그런 축복의 사람임을 노래하고 있습니다.

그러면 다윗이 시편 23편을 기록할 당시의 상황은 어떠했을까요?

대부분의 성경학자들은 시편 23편은 다윗이 그의 아들 압살롬의 반역으로 인하여 극심한 고난에 처하면서도 하나님으로부터 오는 위로를 체험하면서 쓴 시라고 주장합니다. 이 사실에 유의해야 합니다.

다윗에게 있어 여호와 하나님은 언제, 어느 때를 막론하고 그를 지켜주시고 이끌어주시는 선한 목자였습니다. 목자 되신 하나님이 그의 잔을 넘치도록 채워 주시니 다윗이야말로 진정 축복의 사람임이었던 것입니다. 이처럼 복 있는 사람에게서 어찌 그런 아름다운 고백이 터져나오지 않을 수 있겠습니까?

다윗이 "내 잔이 넘치나이다"라고 고백한 것은 그가 왕이었기 때문이 결코 아니라는 것입니다. 다윗이야말로 이 세상의 그 무엇도 결코 영원한 축복이 될 수 없음을 잘 알고 있었던 진정 지혜로웠던 사람이요, 참 믿음의 사람이었습니다.

반면 다윗의 아들로 그의 뒤를 이어 왕위에 올랐던 솔로몬 왕을 보십시오. 솔로몬은 이스라엘의 세 번째 왕이 되어 천하를 호령했던 사람이었습니다.

"다윗의 아들 솔로몬의 왕위가 견고하여 가며 그의 하나님 여호와
께서 그와 함께하사 심히 창대케 하시니라"(대하 1:1).

그렇다면 솔로몬 또한 다윗처럼 행복했던 사람이었을까요? 그의 고백을 들어봅니다.

"헛되고 헛되며 헛되고 헛되니 모든 것이 헛되도다"(전 1:2).

한마디로 자신의 살아온 인생에 대한 깊은 회한(悔恨)입니다. 솔로몬 왕의 시대에 있어 이스라엘은 역사상 가장 강성한 국가로 탈바꿈했습니다. 외적으로는 주변의 여러 나라를 복속해 조공을 받는가 하면, 내적으로는 국가가 안정기에 접어들었습니다. 바야흐로 이스라엘은 솔로몬의 시대에 이르러 태평성대를 맞이한 것입니다.
그런가 하면 솔로몬은 하나님의 은혜로 말미암아 역사상 가장 지혜로운 자가 되었습니다. 또 왕권을 튼튼히 하여 절대권력을 거머쥔 제왕이 되었습니다. 부귀영화를 마음껏 누렸습니다. 또한 아름다운 천 명의 처첩을 두었습니다. 그야말로 무엇 하나 부족한 것이 없는 사람이었습니다. 그래서 솔로몬은 세상 모든 사람들이 부러워할 대상으로 충분합니다.
어쩌면 우리 모두는 그렇게 솔로몬을 꿈꾸는 가엾은 솔로몬의 후예들은 아닌지요? 부자지간으로서 대를 이어 왕위에 올랐던 두 사람 다윗과 솔로몬, 그럼에도 그들은 정반대의 삶을 살았습니다. 아버지 다윗의 뒤를 이어 왕위에 오른 사람, 오히려 아버지보다 더 큰 세상

의 축복을 누렸던 사람인 솔로몬이 왜 그런 회한의 고백을 했던 것일까요? 대답은 간단합니다. 그것은 자신이 세상보다 훨씬 더 컸기 때문입니다. 다시 말해 그 커다란 자신 안에 이 세상을 담기에 그것은 너무 작은 것이었기 때문입니다. 바로 하나님은 솔로몬을 이 세상보다 훨씬 더 크게 창조하셨기 때문이었습니다.

여러분, 이 말씀에 오해하지 마십시오. 하나님께서 오직 솔로몬만 크게 창조하셨다는 말이 결코 아닙니다. 하나님께서는 바로 우리 모든 사람을 그렇게 크게 창조하셨습니다. 그러니 성경은 이렇게 말하는 것입니다.

"사람이 만일 온 천하를 얻고도 제 목숨을 잃으면 무엇이 유익하리요"(마 16:26).

이는 한 사람의 생명이 천하보다 귀하다는 말씀입니다. 그렇습니다. 하나님께서 이처럼 우리를 천하보다 더 크고 귀하게 창조하셨습니다. 그러면 우리는 그 존재에 걸맞는 삶을 살아야 마땅합니다. 다시 말해 큰 사람답게 살아야 합니다. 존귀한 자답게 살아야 합니다. 그 큰 존재 안에 끝없이 담고 담아도 부족한 세상의 것들을 담기 위해 허구한 날 애쓰고 수고할 것이 아니라, 이제는 큰 존재 안에 가득 채울 수 있는 진정 가치 있는 그 무엇을 담아야 하지 않겠습니까?

지금까지 여러분은 천하보다 큰 자기 존재 안에 무엇을 담기 위해 그토록 애쓰고 수고하셨는지요? 그리고 지금까지 그 큰 존재 안에 가득 담아왔던 세상의 것들은 도대체 무엇이란 말입니까? 돈입니까?

부귀영화입니까? 그래서 지금 행복하십니까? 그러면 지금 여러분의 잔은 어디까지 차 있습니까? 조금만 더 채우면 그 잔이 넘칠 것 같습니까? 그러나 그 모든 것은 다 부질없는 것입니다. 왜냐하면 여러분이 채우고자 하는 그 잔은 채우고 또 채워도, 아니 영원히 채워도 결코 채울 수 없는 너무도 큰 잔이기 때문입니다. 이 세상 무엇으로도 여러분의 그 큰 잔을 결코 채울 수 없습니다.

천하를 호령하던 솔로몬조차 만족할 수 없는 것이 끝 없는 인간의 욕심일진데, 어찌 그 누가 만족할 수 있겠습니까? 세상 누구일지라도 그 자신 안에 이 세상을 다 담는다 해도 결코 자신의 잔이 채워질 수 없습니다. 우리는 하나님께서 천하보다 더 크게 창조한 존재입니다. 우리가 삶에 만족할 수 없는 이유는, 바로 천하보다 큰 자기 존재 안에 작디 작은 보잘것없는 세상의 것들만을 담으려 하기 때문입니다.

하나님께서는 우리를 천하보다 더 크고 존귀하게 창조하셨습니다. 그렇다면 거기에 합당한 것을 채워야 마땅하지 않습니까? 그런데 쓸모 없는 허접쓰레기 같은 것으로 스스로를 채우려 하니 언제나 부족할 뿐입니다. 그러니 삶 속에서 겹겹이 쌓이는 것은 스트레스요, 몸속 깊은 곳으로부터 치열하게 솟아오르는 것은 뜨거운 울분뿐입니다.

김원식 시인은 '명동의 그리스도'라는 시에서 이렇게 노래합니다.

목이 콱 막히는
울분을 삼키며
명동 뒷골목 목노집 딱딱한 한 나무 의자에 앉아

한 방울쯤 눈물이 섞여
마시다 만 술잔에
그 술잔에 비친 당신의 얼굴

흥건히 눈물이 맺혀
내가 당신의 얼굴을 밝히 볼 수 없듯이
당신도 내 얼굴을 바로 보시지 않으시려
내 잔에 비친 내 얼굴을 보시려다
내 얼굴에 포개진 당신의 얼굴
눈을 꽉 감고
남은 술을 마시면 그것은
내가 나를 마시는 것인지
당신이 나를 마시는 것인지…
확확 활화산처럼 터질 듯한 가슴의 열기
빈 잔에 소주를 채워도
철철 넘치게 다시 채워도
잔은 여전히 빈 잔이다(후략)

    삶이 힘겹습니까? 삶이 너무 억울하십니까? 그래서 무엇을 해도 분이 풀리지 않습니까? 그렇게 땀 흘리고, 또 피땀을 흘려도 부족합니까? 그래서 채워도 채워도 잔은 여전히 빈 잔인데, 그럼에도 여전히 그 빈 잔을 채우려 하는 우리들의 초췌한 모습 위로 주님의 슬픈 얼굴이 포개집니다.

한 시인의 빈 잔 속에서 울고 계시는 주님은, 지금 우리의 빈 잔 속에서 슬피 울고 계십니다.

다윗의 삶은 결코 평탄하지 못했습니다. 사실 다윗처럼 말할 수 없는 고난을 겪었던 사람도 흔치 않을 것입니다. 그는 세상의 그 무엇도 자신의 빈 잔을 결코 채워줄 수 없음을 잘 알았습니다. 자신의 거대한 잔 속에 가득 채우기에는, 이 세상일지라도 너무나 작은 것에 불과했기 때문입니다.

다윗은 자신의 거대한 잔 속에 넘치도록 가득 담을 수 있는 것은 오직 하나밖에 없음을 알았습니다. 그것은 바로 여호와 하나님뿐이었습니다. 그것은 바로 어린 시절 양치기 목동 때부터 그를 이끌어주신 분이셨습니다. 온갖 맹수들의 위험으로부터 자신과 양떼들을 지켜주시고, 또 푸른 초장 잔잔한 물가로 인도해주시는 선한 목자이셨습니다. 수많은 원수들로부터 생명을 지켜주시고 인도해주신 여호와 하나님이셨습니다. 그러니 그는 평생 그 하나님 앞에 스스로 양이 되어 겸손히 따르는 것입니다.

"내 잔이 넘치나이다!"

이것이야말로 진정한 행복의 노래요, 축복의 노래요, 감사의 노래입니다. 그런가 하면 나아가 다윗의 모든 인생을 한마디로 압축하는 승리의 노래이기도 합니다.

똑같은 왕이었지만 아버지 다윗 왕은 풍성한 하늘의 것들로 자기의 잔을 채우려 했기에 그의 잔은 차고 넘쳤습니다. 반면 아들인 솔로몬 왕은 보잘것없는 세상의 것들로 자기의 잔을 채우려 했기에, 결코 그의 잔은 결코 채울 수 없었던 것입니다.

오늘 여러분의 잔은 무엇으로 채워져 있습니까? 그리고 어디까지 채워져 있습니까? 여러분의 잔을 높이 들어보십시오. 세상에서 가장 많은 것을 소유했던 천하의 솔로몬도 다 채울 수 없어 한탄했던 잔이라면, 그 누구일지라도 세상의 그 무엇으로도 결코 자신의 잔을 채울 수 없습니다.

세상의 허접쓰레기로 가득 채워져 있는 욕망의 잔을 털어냅시다. 그리하여 자신의 전 인생을 낭비한 다음에 깊은 회한으로 눈물 짓는 가련한 솔로몬의 후예가 되지 맙시다. 온 세상을 소유한다 할지라도 그 영혼이 하나님을 품지 못하면 모든 것이 허망한 것임을, 솔로몬의 슬픈 고백을 통해 배우기 원합니다.

하나님께서 너무도 큰 잔을 우리에게 허락하셨습니다. 우리의 큰 잔에 세상의 그런 작은 것들을 담으려 애쓰는 쩨쩨한 사람으로 살지 맙시다. 하나님께서 왜 이 세상의 피조물 가운데 유독 우리에게만 그런 큰 잔을 허락하셨겠습니까? 그것은 바로 우리가 하나님의 거룩한 형상으로 창조된 존재이기 때문입니다. 바로 하나님과 방불한 존재이기 때문입니다.

그렇다면 우리는 우리의 잔에 무엇을 채워야 합니까? 바로 하나님입니다. 사랑입니다. 거룩입니다. 바로 내 잔에 넘치는 하나님의 성품입니다.

소설가 정연희 씨가 쓴 소설 《내 잔이 넘치나이다》라는 책에 이런 내용이 실려 있습니다. 이 책에 맹의순이라는 실존 인물이 등장합니다. 부유한 장로의 아들로 태어나 조선신학교를 다니며 남대문교회 전도사로 섬기던 믿음의 청년이었습니다. 그는 6·25 전쟁 당시 남하하다가 공산군 간첩으로 오인되어 거제도 포로수용소에 갇히게 됩니다. 맹의순 전도사는 그럼에도 낙담하지 않고 오히려 수용소 내에 교회를 만들어 포로들을 섬기고 복음을 전합니다. 전쟁이 끝나자 맹 전도사의 신분이 확인되었고 수용소를 나갈 수 있게 되었습니다. 그러나 그는 자원하여 수용소에 남기를 결심합니다. 그리고 그는 가장 열악한 형편에 놓여 있는 중공군 포로들 가운데 특별히 병든 환자들을 위해서 헌신했습니다. 그러다가 그는 중공군 환자를 돌보는 어느 날 밤 병에 걸려 세상을 떠납니다.

다음은 맹의순 전도사의 장례식 때 낭독된 중공군 포로들이 쓴 추도사입니다.

"맹의순 선생의 영전에 드립니다.

평화의 왕자, 화평의 사도, 인애의 왕, 우리에게 사랑의 증인이셨던 맹의순 선생이 가시다니… 우리는 서로 말이 통하지 않던 이방인들이었습니다. 그가 우리의 병동을 찾아오던 초기에 우리는 그를 경멸하고 무시했습니다.

그러나 그의 얼굴은 늘 온화하였고 그의 행동은 희생과 헌신으로 한결같았습니다. 선생의 한 손에는 성경책이, 다른 한 손에는 물통이 들려져 있었습니다. 선생은 움직이지 못하는 환자를 골고루 만져주고 주물러 주면서 간절히 기도하셨습니다. 우리는 그의 말을 알아들을 수 없었지만 그의 기도를 듣고 있으면 기승하던 고통이 사라지고 신음과 함께 목이 타서 잠 못 이루던 육체도 편안한 잠의 품에 안기게 되었습니다. 선생은 겨울이면 따뜻한 물로, 여름이면 시원한 물로 우리의 얼굴을 씻겨주고 손을 닦아주었습니다. 때로는 발도 씻어 주었습니다.

선생이 쓰러지던 마지막 날 밤, 마지막 환자를 다 씻기고 선생은 일어나면서 눈물을 흘리며 눈물을 씻을 생각도 안 하시고 시편 23편을 중국말로 더듬더듬 읽어 주셨습니다.

"여호와는 나의 목자시니 내게 부족함이 없으리로다."

다 봉독한 후에 높은 곳을 바라보며 다시 말씀하셨습니다.

"내 잔이 넘치나이다!"

"내 잔이 넘치나이다!

우리도 그의 얼굴을 보면서 따라서 외웠습니다.

"내 잔이 넘치나이다!"

"내 잔이 넘치나이다!"

이 말씀과 함께 마지막 환자를 씻겨낸 물통과 대야를 들고 일어나시다가 그대로 그 자리에 쓰러지셨습니다.

우리는 통곡했습니다. 염치없는 우리가 선생을 돌아가시게 했다고. 우리는 통곡했습니다. 그러나 우리는 이제 맹 선생님을 만나기 위해서라도 그가 믿고 증거했던 그 예수님 안에 있어야 한다는 것을 깨닫고 있습니다. 우리는 이제 버려진 것이 아니라는 것을 알고 있습니다. 우리는 맹 선생님과 함께 주님 안에 있습니다. 그러나 우리는 모두 통곡합니다.

　　　　　-거제리 포로수용소 중공군 병동의 환자 일동-

그때 맹 전도사의 나이는 26세였습니다. 그러면 무엇이 맹의순 전도사의 잔을 넘치게 했던 것입니까?

사랑하는 여러분! 오늘 저와 여러분도 이렇게 고백할 수 있습니까?

"내 잔이 넘치나이다!"

기/도/문

하나님께서 우리를 천하보다 더 크고 존귀하게 창조하셨습니다. 그 사실 앞에 우리는 크게 소리라도 지르고 싶은 심정입니다. 그럼에도 그 사실을 잘 알지 못하고 지금까지 작고 보잘것없는 존재로 살아온 우리의 허물을 용서해 주옵소서.

주님, 우리 존재의 의미를 온전히 깨닫기 원합니다. 그리하여 우리가 천하보다 더 크고 존귀한 존재임을 깨달아 가장 크고 존귀한 것으로 우리 자신을 채우게 해주시옵소서. 그리하여 더 이상 부족하다고 투정 부리는 어린아이 같은 믿음을 버리게 하옵소서. 우리를 긍휼히 여기사 우리의 슬픔과 눈물을 씻어 주시옵소서.

이제는 다윗과 같은 믿음을 갖기 원합니다. 세상의 그 무엇에도 욕심 부리지 않으며, 오직 여호와 하나님만을 우리의 목자로 인정하며 그분만을 따라가는 우리가 되기 원합니다. 다윗의 고백이 우리 모두의 참 고백이 되기 원합니다. 아멘.

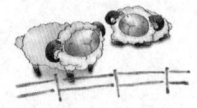

복의 흔적을 남기는 사람은

"내 평생에 선하심과 인자하심이 정녕 나를 따르리니 내가 여호와의 집에 영원히 거하리로다"(시 23:6).

남으로 창을 내겠소
밭이 한참 갈이
괭이로 파고
호미론 풀을 매지요

구름이 꼬인다 갈 리 있소
새 노래는 공으로 들으랴오
강냉이가 익걸랑
함께 와 자셔도 좋소

왜 사냐건
웃지요

우리가 잘 아는 김상용 시인의 '남으로 창을 내겠소'라는 시입니다. 이 시는 전원에서의 평화롭고 욕심 없는 삶을 갈망하는 내용입니다. 소박하면서도 군더더기 없는 시어(詩語)가 돋보입니다. 특히 마지막 세 번째 연의 "왜 사냐건 웃지요"는 마음에 큰 울림으로 다가옵니다. 왜 사느냐고 묻는다면, 대답 대신 그냥 웃겠다는 것입니다.

그러면 시인은 그 대답을 알고 있을까요? 아니면 몰라서 그냥 웃겠다는 것인가요? 시인은 절묘하게 그 대답을 회피하고 있습니다. 어쩌면 그 대답은 독자들의 몫으로 남겨 두었는지 모릅니다.

그러면 여러분에게 묻습니다. 여러분은 왜 사십니까? 여러분도 대답 대신 그냥 웃으시겠습니까? 사실 왜 사느냐고 묻는다면 선뜻 대답하기 어렵습니다. 그러면 질문을 이렇게 바꾸어 봅니다. "당신은 무엇을 소망하며 살아가십니까?"

그의 소망을 알면 그가 살아가는 목적을 살며시 들여다볼 수 있습니다. 어떤 사람은 돈벼락 한번 맞아보았으면 원이 없겠다고 소망합니다. 어떤 사람은 그저 건강하기만 했으면 좋겠다고 말합니다. 어떤 사람은 큰 권력을 갖기 소망합니다. 어떤 사람은 남들이 우러러보는 명예를 가졌으면 좋겠다고 소망합니다. 어떤 사람은 가정이 화목했으면 좋겠다고 소망합니다. 그리고 어떤 사람은 하나님의 말씀 안에서 날마다 거룩한 삶을 살아감을 소망하며 기도한다고 말합니다.

복의 흔적을 남기는 사람은

우리가 잘 알다시피 다윗은 이스라엘의 두 번째 왕이었습니다. 왕이라면 최고의 권력과 명예, 그리고 부귀영화를 마음껏 누릴 수 있는 지상 최고의 자리입니다. 그러니 어느 시대, 누구라도 그 자리에서 내려오려고 하지 않는 것입니다. 그러면 그가 구할 것은 무엇이겠습니까? 그런데 다윗이 구하는 것은 우리의 상식과 상상을 초월합니다. 그것은 바로 하나님의 선하심과 인자하심이라는 것입니다.

"나의 평생에 선하심과 인자하심이 정녕 나를 따르리니"(시 23:6).

평생이라는 말은 지금까지 살아온 삶, 그리고 현재로부터 앞으로 살아갈 삶을 말합니다. 다시 말해 한 사람의 전 인생이라는 뜻입니다. 다윗은 자신의 평생에 걸쳐 하나님의 선하심과 인자하심이 자신에게 따르기를 소망하는 것입니다.

다윗은 특히 '반드시'라는 단어를 사용하고 있습니다. 그것은 '틀림없이' 또는 '꼭'이라는 확신의 뜻입니다. 그는 조금의 망설임도, 조금의 의심도 없습니다. 이것이 다윗의 신실함이요, 위대함입니다.

그러면 본문에서 말하는 하나님의 선하심은 무엇입니까? '선하심'의 히브리어 원어는 '토브'입니다. 다시 말해 선하심의 총체적 의미는 하나님의 품성을 가리키는 용어입니다. 선(善)이라는 말은 한자어로 착하다는 뜻입니다. 그러나 성경이 말하는 것과 세상이 말하는 착함과는 전혀 다릅니다. 하나님의 선이라고 할 때, 그것은 좋다는 뜻입니다. 하나님께서 세상을 창조하신 다음 그 창조 세계를 바라보시며 "보시기에 좋았더라"고 말씀하셨습니다. 이때 "좋았더라"는 말이 바로 '토브'입니다. 하나님의 선하심은 조금의 흠이나 모자람이 없는 완전한 선입니다. 따라서 보시기에 좋은 것입니다.

시편 106편에서도 비슷한 고백이 등장합니다.

"할렐루야 여호와께 감사하라 그는 선하시며 그 인자하심이 영원함이로다"(시 106:1).

여기서도 선하심과 인자하심이 시편 23편처럼 하나님의 속성으로 사용되고 있습니다. 헴펠(Hempel)이라는 성경학자는 "'토브'라는 말은 일반적으로 하나님이 정하신 실제적, 도덕적 혹은 신앙적 기준에 일치하는 대상에게 적용된다"라고 주장합니다.

사도 바울의 말을 들어봅니다.

"우리가 알거니와 하나님을 사랑하는 자 곧 그 뜻대로 부르심을 입은 자들에게는 모든 것이 합력하여 선을 이루느니라"(롬 8:28).

여기서도 하나님의 선이 모든 사람들, 다시 말해 믿지 않는 사람들에게도 이루어지는 것이 아니라, 오직 하나님을 믿는 신실한 그리스도인에게만 이루어지는 것이라는 사실을 말하고 있습니다. 그리스도인에게 일어나는 일들이 다 선하고 좋은 일들만은 아니라 할지라도, 분명한 것은 그것들이 모두 합력하여 선을 이룬다는 것입니다. 이것이야말로 그리스도인에게 주신 하나님의 약속입니다. 그리고 이 약

복의 흔적을 남기는 사람은

속을 믿고 따르는 그리스도인이야말로 진정 복 있는 사람입니다.

그리고 '인자하심'의 원어는 히브리어 '헤세드'입니다. 이 말은 '언약을 지키시는 성실하시고 자비하신 하나님의 사랑'을 가리킵니다. 따라서 '선하심과 인자하심'은 다른 말로 하면 우리를 유익하게 하시고 영원토록 사랑하시는 하나님을 이르는 것입니다. 그렇다면 하나님의 선하심과 인자하심이 평생 따르는 다윗은 진정 행복한 사람입니다.

세상 사람들은 돈과 명예와 권력 등 세상적인 것, 다시 말해 소유의 많음이 행복을 가져올 수 있을 것으로 생각합니다. 그러나 성경은 그런 것들이 삶의 행복을 좌우하지 못한다고 말합니다. 그러므로 다윗은 평생 여호와 하나님만을 자신의 목자로 섬기며 살아가는 것입니다.

그리고 그 목자야말로 거인 골리앗과의 싸움에서 물맷돌 다섯 개와 작대기 하나만으로 물리치게 하셨던 분이요, 수많은 적들과의 전쟁에서도 언제나 승리하게 하신 분이셨습니다. 그런가 하면 사울 왕의 살해 위협 속에서, 아들 압살롬의 반역으로 자신과 왕국이 풍전등화(風前燈火)의 위기 속에 있을 때에도 항상 지켜주시고 이끌어주셨던 전능하신 하나님이셨습니다. 다윗은 숱한 고난 속에서도 언제나 자신을 인도해주시는 선하시고 인자하신 여호와 하나님만을 바라보았던 것입니다.

인생을 살아가면서 우리는 많은 고난을 당합니다. 어느 때는 그 고난이 너무 크고 감당하기 어려워 절망할 때도 있습니다. 그리고 그때 누구라도 한 번쯤 자기 신앙에 회의를 느껴 볼 때도 있었을 것입니다. 그것은 흔히 왜(?)라는 물음으로 나타납니다. '하나님이 정말 선하시고 인자하신 분이시라면, 왜 나에게 이런 고난을 주셨느냐?'라는 원초적인 질문이요, 항의입니다.

그러나 우리가 신실한 그리스도인이라면, 그 순간 우리는 그 질문의 대상을 바꾸어야 합니다. 다시 말해 자신을 향한 1인칭의 질문에서 3인칭의 질문으로 바꾸어야 합니다.

"욥은 왜 그런 고난을 당해야 했습니까? 요셉은 왜 그런 고난을 당해야 했습니까? 바울은 왜 그런 고난을 겪어야 했습니까?"

그리고 마지막에는 다시 2인칭의 질문으로 바꾸어야 합니다.

"주님, 당신은 왜 그런 고난을 당해야 했습니까?"

나의 고난을 통해 이웃의 고난을 바라보아야 합니다. 그리고 다시 나의 고난을 통해 주님의 고난을 바라보아야 합니다. 그 순간 하나님의 선하심과 인자하심이 지금까지 나와 함께하셨음을 깨닫게 될 것입니다.

그러면, 그런 고난을 당하신 주님은 행복했을까요? 29세의 젊은 나이에 일본의 한 감옥에서 옥사한 윤동주 시인은 '십자가'라는 시에서 이렇게 노래했습니다.

쫓아오던 햇빛인데
지금 교회당 꼭대기
십자가에 걸리었습니다.
첨탑이 저렇게도 높은데

어떻게 올라갈 수 있을까요
종소리도 들려오지 않는데
휘파람이나 불며 서성거리다가
괴로웠던 사나이
행복했던 예수 그리스도에게처럼
십자가가 허락된다면
모가지를 드리우고
꽃처럼 피어나는 피를
어두워가는 하늘 밑에
조용히 흘리겠습니다

 윤동주 시인은 예수님을 '괴로웠던 사나이, 행복했던 분'으로 표현하고 있습니다. 이보다 더 적절한 말이 있을까요?
 하늘 보좌를 버리고 육신을 입어 이 땅에 내려오신 분, 그리고 33년 동안 낮은 자리로 내려가 온갖 고난과 멸시를 당하신 분, 그리고 마지막에는 십자가에 달려 더러운 조롱과 욕설을 당하시며 결국에는 물과 피를 다 쏟으시고 처절한 고통 속에 죽으신 분, 그리고 끝내 하나님께로부터 외면당하신 분, 그분은 정말 괴로웠던 분이 아니셨을까요?
 시인은 말합니다. 그분은 정말 괴로웠던 분이라고요. 그러나 괴로웠던 그분 예수 그리스도는 진정 행복했던 분이었다고 말합니다. 그렇습니다. 그분은 괴로웠지만 진정 행복했던 분이었습니다. 그분은 사람들을 사랑하셨기에 행복하셨습니다. 괴로웠던 그 길만이 죽어

가는 사람들을 살릴 수 있는 유일한 길이었기 때문입니다. 바로 십자가의 길 말입니다.

그래서 주님은 그 모진 시련을 참고 견디셨습니다. 주님께서 살점이 떨어져 나가고 뼈가 꺾여지는 모진 아픔과 온몸의 물과 피가 다 쏟아져내리는 고통 속에서도 십자가를 질 수 있었던 것은, 바로 저와 여러분의 구원을 바라보셨기 때문입니다. 이것이 바로 그분의 사랑입니다.

그러니 사도 바울은 로마서에서 이렇게 말하는 것입니다.

"우리가 아직 죄인 되었을 때에 그리스도께서 우리를 위하여 죽으심으로 하나님께서 우리에게 대한 자기의 사랑을 확증하셨느니라"
(롬 5:8).

우리를 위해 죽으심으로 우리에 대한 사랑을 확증하신 분, 그렇다면 이보다 더 큰 사랑이 어디에 있을까요? 그러니 사도 요한은 이렇게 말하는 것입니다.

"하나님은 사랑이심이라"(요일 4:8).

이 고백 앞에 서면 더 이상 할 말이 없습니다. 사랑은 바로 하나님의 품성일진데, 그러면 하나님의 그 사랑을 무엇으로 설명할 수 있으며, 또 어떻게 이해할 수 있단 말입니까?

오늘 본문에서 다윗이 고백한 하나님의 선하심과 인자하심은 바로 사랑의 다른 표현에 불과한 것입니다. 다윗은 바로 하나님의 그 사랑 안에서 인생을 살아감에 부족함이 없는 것입니다. 그래서 이런 사람은 가는 곳마다 하나님의 선하심과 인자하심, 다시 말해 그 사랑으로 인해 넘치는 축복을 받는 것입니다. 믿음의 조상 아브라함은 복의 근원이 되었습니다. 그런가 하면 요셉은 가는 곳마다 그로 인하여 주위 사람들에게까지 그 복이 임했습니다.

19세기 영국의 계관시인이었던 알프레드 테니슨(Alfred Tennison, 1809-1892) 경이 남긴 글을 보면 이런 대목이 나옵니다.

한번은 두 친구가 동부로 가는 길에 제 집에 들러 며칠을 지내며 일을 보았습니다. 그리고 저더러 동부에 같이 가자고 했습니다. 같이 가던 중 한 친구가 모자를 잃어버린 것을 뒤늦게 알았습니다. 그 친구는 자기 모자를 우리집에 두고 온 줄 알았습니다. 그래서 그는 제게 부탁했습니다. 집에 편지를 써서 모자를 찾아 보내달라고 했습니다. 그랬더니 얼마 후 아내에게서 답장이 왔습니다. 아내의 답장 중에는 잊을 수 없는 문장 하나가 있었습니다. 그 문장은 저에게 너무나 큰 감동을 주었습니다.
"저는 당신의 편지를 받고 집안 구석구석을 다 뒤져보았습니다. 그러나 손님의 모자는 흔적도 보이지 않았습니다. 그런데 그분들이 남겨두고 가신 것은 오직 큰 축복 하나뿐입니다."

그렇습니다. 하나님의 선하심과 인자하심이 함께하는 사람은 이렇듯 세상에 흔적을 남깁니다. 그 선하심과 인자하심이, 다시 말해 하나님의 사랑이 너무 커서 흘러 넘치는 것입니다. 그리고 넘치는 그 사랑은 큰 축복이 되어 이웃에게까지 흘러가는 것입니다.

여러분, 이런 축복이 부럽지 않습니까? 세상 사람들은 모두가 복을 받기 원합니다. 우리나라 사람들은 특히 복을 참 좋아합니다. 그래서 새해가 되면 서로 이렇게 인사합니다. "새해 복 많이 받으세요!" 우리도 지난 새해 첫 주일에 서로 이렇게 인사했습니다.

그러나 그 복은 모두 세상의 복입니다. 눈에 보이는 복입니다. 아마 그 복의 대표적인 것은 돈이나 건강이 아니겠습니까? 저도 이 자리에서 여러분께 다시 한 번 새해 복 많이 받으시라는 축복의 인사를 드립니다. "여러분, 새해 복 많이 받으십시오!"

지금 말씀드리는 이 복은 흔히 세상이 말하는 그런 복이 아닙니다. 바로 다윗이 받기를 열망하였던 하나님의 선하심과 인자하심이 정녕 여러분을 따르는 축복입니다. 영원한 축복입니다. 넘치는 축복입니다. 그 복은 단순히 혼자서만 받고 누리는 복이 아니요, 자신에게 차고 넘침으로 말미암아 주위로 흘러가는 복입니다. 바로 나누어 주는 복입니다. 다시 말해 여러분 모두가 복의 근원이 되기를 소망하는 것입니다. 아브라함처럼, 요셉처럼, 그리고 알프레드 테니슨의 두 친구들처럼 말입니다. 잠시 왔다 떠나가는 우리네 인생입니다. 여러분, 우리의 삶 속에서 이런 복의 흔적을 남기고 떠날 수 있다면 진정 복 있는 사람이 아닐까요?

2017년의 태양이 두둥실 떠올랐습니다. 새해에 여러분은 어떤 꿈을 꾸셨습니까?

정유년 새해 벽두에 이런 아름다운 꿈을 꿀 수 있다면, 그런 꿈을 꾸는 사람은 바로 그 꿈으로 인하여 복된 한 해를 살아갈 수 있을 것입니다. 하나님의 선하심과 인자하심이 반드시 그를 따를 것이기 때문입니다.

기/도/문

지금까지 우리는 축복의 의미를 바로 알지 못했습니다. 돈이나 부귀영화가 그저 가장 큰 축복인 줄 알았습니다. 그래서 날마다 세상 속에서 그 축복을 찾고자 헐떡거리며 힘들고 고달픈 삶을 살아왔음을 고백합니다.
주님, 이 시간에 진정한 축복의 의미를 깨닫게 해 주시니 감사합니다. 다윗 같은 축복을 허락해주시옵소서. 요셉 같은 축복의 사람이 되게 하여 주시옵소서.
그리하여 나 혼자서만 누리는 축복이 아니라, 나로 인하여 내 이웃이 축복을 누리는 진정 복의 사람이 되기 원합니다. 언제나 하나님의 선하심과 인자하심이 우리를 따르게 해주시옵소서. 아멘.

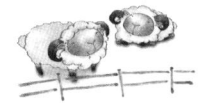

나그네 길을 걸어가는 당신에게

"나의 평생에 선하심과 인자하심이 정녕 나를 따르리니 내가 여호와의 집에 영원히 거하리로다"(시 23:6).

"인생은 나그네 길. 어디서 왔다가 어디로 가는가."

지난 1960년대 당시 공전의 히트를 기록한 가수 최희준이 부른 '하숙생'이라는 노래의 첫 가사입니다. 가사가 사뭇 철학적이기도 한 이 노래는 당시 전 국민이 감동하여 따라 불렀던 대중가요입니다. 이 노래가 발표된 이후 '인생은 나그네'라는 말이 많은 사람들에게 회자(膾炙)되었습니다. 그렇습니다. 인생은 나그네 길입니다. 그렇다면 우리는 지금 그 길을 걸어가고 있는 나그네입니다.

나그네의 사전적 의미는 '자기 고장을 떠나 다른 곳에 잠시 머물거나 떠도는 사람'을 일컫습니다. 나그네라는 말은 사실 우리 인생을 가장 적절하게 나타내는 성경적인 말이기도 합니다.

창세기 47장에는 야곱이 애굽 왕 바로와 만나는 장면이 있습니다. 야곱의 온 가족이 가나안 땅의 흉년으로 살아가기 어렵게 되었을 때, 애굽의 총리가 된 요셉의 도움으로 애굽으로 이민을 갑니다. 그때 애굽 왕 바로는 요셉의 아버지 야곱에게 나이를 묻습니다. 그리고 야곱은 이렇게 대답합니다.

"내 나그네 길의 세월이 일백삼십 년이니이다 나의 연세가 얼마 못 되니 우리 조상의 나그네 길의 세월에 미치지 못하나 험악한 세월을 보내었나이다"(창 47:9).

여기서 특히 눈에 띄는 말이 있습니다. 바로 '나그네 길'과 '험악한 세월'이라는 말입니다. 집을 떠나 낯선 땅을 떠도는 나그네가 어찌 자기 고향집에 있는 것처럼 평안하고 행복할 수 있겠습니까? 그러니 야곱은 자신이 살아온 삶이 한마디로 나그네같이 험악한 세월이었다고 고백하는 것입니다.

그렇습니다. 나그네의 삶은 험악합니다. 그러니 우리 옛말에도 "집 떠나면 고생"이라는 말이 있는 것입니다. 나그네라는 말이 가장 어울리는 우리 이민자들의 모습을 바라보십시오. 이역만리 낯선 땅, 파란 눈, 노랑머리의 낯선 사람들 속에서, 그리고 언어가 다르고 문화와 풍습이 다른 이질적인 곳에서 어렵고 힘든 삶을 살아가는 이민자들의 모습이야말로 나그네의 전형입니다.

그런데 성경이 말하는 나그네는 갈 곳 없어 정처없이 여기저기 떠도는 나그네가 아닙니다. 성경이 말하는 나그네는 돌아갈 곳이 분명히 있는 나그네입니다. 그는 잠시 머무는 이유도, 그리고 돌아갈 곳도 분명한 나그네입니다. 성경은 이런 나그네를 다른 말로 순례자라고 합니다. 순례자는 종교적 의무나 신앙적인 고취의 목적으로 하는 여행자를 말합니다.

다윗은 나그네의 의미를 잘 알고 있었습니다. 또한 자기 자신이 나그네임을 잘 알고 있었습니다. 그래서 그는 언제나 돌아갈 본향을 기억하고, 또 그리워하고 있었습니다.

"내가 여호와의 집에 영원히 거하리로다"(시 23:6).

다윗은 비록 왕으로서 절대권력을 누리고, 수많은 신하들을 거느리면서 화려한 구중궁궐에서 부귀영화를 마음껏 누리며 살고 있을지라도, 이 땅은 자신이 영원히 머무를 곳이 아님을 잘 알고 있었던 것입니다. 그에게는 분명히 돌아갈 본향이 있었던 것입니다. 그리고 다윗은 언제나 돌아갈 본향만을 꿈꾸며 나그네 된 그 길을 겸허하게 걸어갔던 것입니다. 다윗이 영원히 거하고자 했던 본향, 그곳은 바로 목자 되신 여호와 하나님의 집이었습니다.

히브리서 기자는 이렇게 말합니다.

"이 사람들은 다 믿음을 따라 죽었으며 약속을 받지 못하였으되 그것들을 멀리서 보고 환영하며 또 땅에서는 외국인과 나그네로라 증거하였으니 이같이 말하는 자들은 본향 찾는 것을 나타냄이라 저희가 나온 바 본향을 생각하였더면 돌아갈 기회가 있었으려니와 저희가 이제는 더 나은 본향을 사모하니 곧 하늘에 있는 것이라 그러므로 하나님이 저희 하나님이라 일컬음 받으심을 부끄러워 아니하시고 저희를 위하여 한 성을 예비하셨느니라"(히 11:13-16).

히브리서 기자는 아벨, 에녹, 노아, 아브라함, 이삭, 야곱, 사라 등 수많은 믿음의 선배들의 이름을 거명하면서 이들 모두가 믿음으로 더 나은 본향을 사모하며 나그네길을 걸어갔다고 말합니다.

신앙이란 무엇입니까? 저는 그것을 영원을 사모하는 마음을 품는 것이라고 말하고 싶습니다. 전도서 말씀을 살펴봅니다.

"하나님이 모든 것을 지으시되 때를 따라 아름답게 하셨고 또 사람에게 영원을 사모하는 마음을 주셨느니라"(전 3:11).

영원을 사모하는 마음, 그것은 곧 더 나은 본향을 사모하는 마음입니다. 그리고 그것은 바로 다윗이 소망했던 여호와의 집입니다. 또한 그곳이야말로 수많은 믿음의 선배들이 사모했던 곳이기도 합니다. 그리고 우리들이 진정 사모해야 할 곳입니다. 그렇다면 그리스도인이란 영원을 사모하는 마음, 다시 말해 하나님 나라의 마음을 품고 살아가는 사람을 말합니다.

그렇습니다. 우리 모두는 나그네입니다. 그러면 나그네의 특징은 무엇일까요?

첫째로, 나그네는 결코 한 곳에 영원히 머무르지 않습니다.

본향을 찾아 돌아가는 나그네의 길에는 온갖 달콤한 유혹들이 있습니다. 때로는 그런 유혹들이 나그네를 그 길에 그냥 머물고 싶은 충동에 빠지게 합니다. 그리고 그 순간 나그네는 돌아갈 본향을 망각하는 것입니다.

호메로스의 오디세이 이야기를 전해드립니다. 트로이 전쟁이 끝난 후 오디세이 일행은 꿈에도 그리던 고향 이타카를 향해 귀향을 서두르고 있었습니다. 9일 동안이나 풍랑에 시달리며 표류하던 그들은 로토파고스족의 나라에 당도했습니다. 그곳의 원주민들은 오디세이의 부하들을 환대하면서 로터스라는 열매를 주었습니다. 그들은 이 로터스 열매를 먹고 황홀경에 빠져 모든 기억을 잃어버렸습니다.

호메로스는 이 대목을 이렇게 전합니다. "그리하여 그들 중에 꿈처럼 달콤한 로터스를 먹은 자는 소식을 전해주거나 귀향하기는커녕, 귀향은 잊어버리고 그곳에서 로터스를 먹으며 로토파고스족 사이에 머물고 싶어 했소."

오디세이는 울고불고 하는 이들을 억지로 배로 데려가 노 젓는 자리 밑에 묶어놓고는 누구라도 로터스 열매를 먹고 귀향을 잊어버리는 일이 없도록 출항을 독려했습니다. 그들은 이미 로토파고스족의 주민이 되어 있었던 것입니다.

많은 그리스도인들이 나그네, 곧 순례자로서의 자기 정체성을 잃어버리고 '즐거운 망각'에 탐닉합니다. 로터스 열매보다 더 달콤한 세상의 열매에 빠져 더 나은 본향으로 가는 길을 잃어버리고, 그 인생의 길에 머무르려고 하는 것입니다. 이 땅에 뿌리를 내리려고 하는 것입니다.

오늘 그리스도인들이 먹은 꿀처럼 달콤한 로터스 열매는 무엇입니까? 돈입니까? 부귀영화입니까? 그 무엇이 우리의 귀향을 망설이게 하는 것입니까?

둘째로, 나그네는 어떤 일을 만나도 결코 절망하지 않습니다.

낯선 땅을 걸어가는 나그네 길에는 예기치 않은 많은 어려운 일들이 발생합니다. 강도를 만날 수도 있습니다. 사기꾼을 만날 수도 있습니다. 사나운 비바람이나 차가운 눈보라를 만날 수도 있습니다. 맹수의 습격을 받을 수도 있습니다. 중한 병으로 고통을 당할 수도 있습니다. 그런가 하면 낯선 사람들로부터 조롱과 멸시를 당할 수도 있습니다.

그럼에도 나그네는 절망하지 말아야 합니다. 어떤 고난의 상황이 닥쳐온다 할지라도, 그 모든 것을 참으며 분연히 일어서야 합니다. 그리고 다시 그 길을 걸어야 합니다. 더 나은 본향을 사모하며 말입니다.

목자를 따라 산 정상 메사에서 풍성한 상차림을 받은 양들은, 계절이 바뀌어 첫눈이 내리기 시작하는 때가 되면 다시 하산해야 합니다. 산 밑에는 목자가 마련해 놓은 본부목장이 있기 때문입니다. 양들은 이 본부목장에서 따뜻한 겨울철을 보낼 수 있습니다. 양들이 하산할 때에도 많은 어려움과 위험이 따릅니다. 그러나 목자를 믿고 따라온 양들은 무사히 메사에서 내려와 본부목장으로 들어갈 수 있습니다.

우리의 삶에도 숱한 어려움이 찾아옵니다. 그럼에도 우리가 그 모든 시련과 고난을 이겨내고 참 소망을 품고 나아갈 수 있음은, 성령께서 언제나 우리에게 내재하셔서 우리에게 능력을 주시고, 우리의 길을 친히 인도해주시기 때문입니다. 바로 하나님이 우리의 목자가 되어 주시기 때문입니다.

사도 바울은 로마서에서 이렇게 말합니다.

"이와 같이 성령도 우리 연약함을 도우시나니 우리가 마땅히 빌바를 알지 못하나 오직 성령이 말할 수 없는 탄식으로 우리를 위하여 친히 간구하시느니라"(롬 8:26).

성령께서 우리를 이렇게 도우십니다. 따라서 주님의 그 약속과 능력을 믿고 오늘을 담대하게 살아가는 것이 바로 그리스도인의 믿음이요 삶입니다.

사도 바울은 이어서 또 하나의 소망을 우리에게 갖게 합니다.

"우리가 알거니와 하나님을 사랑하는 자 곧 그 뜻대로 부르심을 입은 자들에게는 모든 것이 합력하여 선을 이루느니라"(롬 8:28).

우리가 믿음 안에서 하나님의 약속을 굳게 믿으며 우리의 길을 걸어간다면, 이 길이 비록 나그네 길이라 할지라도 모든 것을 참으며 기

나그네 길을 걸어가는 당신에게

쁨으로 걸어갈 수 있지 않을까요?

오늘 고달픈 나그네 길을 걸어가십니까? 그래서 때로는 절망에 빠져 가던 길을 포기하고 그 자리에 주저 앉고 싶으십니까? 그럴지라도 일어나십시오. 그리고 가던 길을 멈추지 마십시오. 우리는 결코 이 땅에 머무를 존재가 아닙니다. 우리에게는 더 나은 본향이 있기 때문입니다. 바로 저 하나님 나라의 영화로운 삶이 기다리고 있기 때문입니다.

우리는 존재의 의미를 찾아야 합니다. 우리는 어떤 존재입니까? 성경은 말합니다.

"너희는 택하신 족속이요 왕 같은 제사장들이요 거룩한 나라요 그의 소유된 백성이니"(벧전 2:9).

기가 막힌 말입니다. 우리는 하나님께서 택하신 족속이라는 것입니다. 우리는 왕 같은 제사장이라는 것입니다. 우리는 거룩한 나라라는 것입니다. 우리는 하나님 나라의 백성이라는 것입니다. 이것이 바로 저와 여러분의 신분입니다. 그렇다면 우리는 지상 최고의 존재가 아닐까요? 세상에서 이보다 더 위대하고 고귀한 존재가 어디 있습니까?

여러분, 이제 여러분의 존재에 대해 잘 아셨다면 스스로의 존재에 대해 자부심을 가지십시오. 오늘 나그네 길에서 비록 힘들고 지쳤을지라도 주저앉지 마십시오. 그리고 결코 절망하지도 마십시오. 머지않아 우리는, 그럼에도 불구하고 필히 우리의 본향에 도착할 것입니다. 그곳은 거룩과 은혜, 평강이 넘치는 곳입니다. 바로 우리의 아버지 집입니다.

천상병 시인은 '귀천'이라는 시에서 이렇게 노래합니다.

나 하늘로 돌아가리라
새벽빛 와닿으면 스러지는
이슬 더불어 손에 손을 잡고
나 하늘로 돌아가리라
노을빛 함께 단둘이서
기슭에서 놀다가 구름 손짓하며는
나 하늘로 돌아가리라
아름다운 이세상 소풍 끝내는 날
가서, 아름다웠다고 말하리라

시인은 이 세상의 삶을 잠시의 소풍으로 비유하고 있습니다. 그래서 이 세상 삶의 모든 미련과 집착을 버리고 하늘로 유유히 돌아가리라는 진정한 자유인의 정신세계를 보여주고 있습니다. 한마디로 시인은 세속을 초월한 달관의 경지에 도달한 모습입니다.

나그네라는 말은 왠지 좀 쓸쓸해 보이는 느낌입니다. 그리고 처량한 느낌이 들기도 합니다. 굵은 바리톤의 목소리로 우리의 심금을 울리는 디트리히 피셔 디스카우(Dietrich Fischer Dieskau, 1925-2012)의 슈

베르트(Schubert, 1797-1828)의 '겨울 나그네'가 떠오르기 때문일까요?

시인의 말처럼 어쩌면 소풍이라는 말이 더 어울릴지도 모르겠습니다. 이제 우리의 소풍도 끝나갑니다. 이제 집으로 돌아갈 시간입니다. 우리 모두 이 땅의 소풍에 대한 아름다운 기억을 소중히 간직한 채 집으로 돌아갈 채비를 해야 합니다.

그리고 우리의 소풍이 다 끝나고 집으로 돌아간 그날, 우리의 아버지 되신 주님 앞에 가서, 우리 또한 이 세상에서의 소풍이 참 아름다웠다고 기쁨으로 말할 수 있으면 좋겠습니다.

세상 사람들은 말합니다. 인생은 어디서 왔다가 어디로 가는지 알 수 없는 나그네라고…. 그러나 그리스도인인 우리는 압니다. 우리는 어디서부터 와서 어디로 가는 나그네인가를…. 그렇습니다. 우리는 단순한 나그네가 아닙니다. 우리는 순례자입니다. 우리는 하늘의 순례자입니다.

기/도/문

우리 모두는 나그네 길을 걸어가는 나그네입니다. 더 나은 본향을 찾아가는 나그네입니다. 주님! 우리가 걸어가는 이 나그네 길에서, 어떤 유혹이 우리의 발길을 붙잡을지라도 담대히 뿌리치고 우리의 길을 걸을 수 있는 믿음을 허락해주시옵소서.

또한 어떤 고난과 시련이 닥칠지라도 모든 것을 참으며 소망 가운데 우리의 길을 걷게 해주시옵소서. 그리고 이 나그네 길에서 어떤 미련도 갖지 말게 하옵시고, 또 어떤 두려움도 물리칠 수 있는 믿음을 허락해 주시옵소서. 오직 나그네 길에서 만난 모든 사람들을 사랑과 진정으로 대할 수 있도록 허락해 주시옵소서.

그리하여 언젠가 이 세상에서의 소풍을 다 끝내고 아버지의 집으로 돌아가는 날, 이 땅에서의 모든 삶이 참 아름다운 소풍이었다고 겸허하게 고백하는 우리가 되기를 원합니다. 아멘.

생활 속에서 - 시편 23편

"여호와는 나의 목자시니 내가 부족함이 없으리로다 그가 나를 푸른 초장에 누이시며 쉴 만한 물가으로 인도하시는도다 내 영혼을 소생시키기고 자기 이름을 위하여 의의 길로 인도하시는도다 내가 사망의 음침한 골짜기로 다닐지라도 해를 두려워하지 않을 것은 주께서 나와 함께하심이라 주의 지팡이와 막대기가 나를 안위하시나이다 주께서 내 원수의 목전에서 내게 상을 베푸시고 기름으로 내 머리에 바르셨으니 내 잔이 넘치나이다 나의 평생에 선하심과 인자하심이 정녕 나를 따르리니 내가 여호와의 집에 영원히 거하리로다"(시 23:1-6).

우리는 그동안 13회에 걸쳐 다윗의 위대한 시편 23편을 토요 새벽기도회와 주일예배를 통해 묵상해왔습니다. 처음 계획은 짧게는 6회에서 길게는 10회로 끝내려고 했던 것인데, 생각보다 길어졌습니다. 사실 시편 23편에 대한 강해는 지난주 토요새벽기도회 시간으로 다 끝났습니다. 오늘은 시편 23편에 대한 종합편이라고 할 수 있습니다.

이 시간에는 시편 23편의 말씀이 우리의 생활 속에서 어떻게 적용되어야 하는 지 함께 묵상해보고자 합니다.

그동안 다윗의 시편 23편 앞에 함께 나아갔던 여러분! 이 시편을 통해 지금 여러분의 영혼 속에 각인된 것은 무엇입니까? 그냥 한 편의 아름다운 서정시였다는 생각입니까? 아니면 이 시편이 여러분의 영혼을 조금이라도 흔들어 놓았나요?

말씀을 수백 번, 아니 수천 번 들어도 그 말씀 앞에 겸허히 다가가지 않으면 아무 소용이 없습니다. 말씀은 무엇입니까? 말씀은 바로 하나님이십니다.

요한복음 1장 1절은 이렇게 기록되어 있습니다.

"태초에 말씀이 계시니라 이 말씀이 하나님과 함께 계셨으니 이 말씀은 곧 하나님이시니라."

여기서 말씀으로 번역된 헬라어는 '로고스'(Logos)입니다. 사도 요한은 말씀이 '로고스' 곧 하나님이시라고 말합니다. 그렇다면 우리는 지금 말씀이신 하나님 앞에 서 있는 것입니다.

날이 갈수록 사회에 대한 교회의 영향력이 크게 떨어지고 있습니다. 그리스도인들이 손가락질 당하고 있습니다. 그리스도인들이 변하지 않기 때문입니다. 그러면 그리스도인들이 좀처럼 변하지 않는 이유가 무엇인 줄 아십니까? 말씀이 하나님이심을 인식하지 못하기 때문입니다.

오늘까지 14회에 걸쳐 긴 시간 동안 다윗의 시편 23편을 우리가 함께 묵상하고자 했던 이유는, 이 시편이 단순히 유명하다거나 또는 시적 운율이 아름다워서가 아닙니다. 이 말씀을 온전히 이해하고, 말씀 앞에 우리 심령이 깨어짐으로써, 이 위대한 말씀이 우리 삶에 바르게 적용되고, 그로 인해 거룩한 삶의 예배를 통해 하나님을 영화롭게 하는 시간이 되었으면 하는 바람 때문이었습니다.

하나님의 말씀에는 능력이 있습니다. 말씀은 바로 살아 계신 하나님이시기 때문이라고 히브리서 기자는 말합니다.

"하나님의 말씀은 살았고 운동력이 있어 좌우에 날선 어떤 검보다도 예리하여 혼과 영과 및 관절과 골수를 찔러 쪼개기까지 하며 또 마음의 생각과 뜻을 감찰하나니"(히 4:12).

우리는 성경을 귀하고 소중한 책으로 생각합니다. 그것은 바로 로고스, 살아 계신 하나님의 말씀이 기록되어 있기 때문입니다. 바로 그 책에 기록된 말씀이 소중한 것입니다. 그렇다면 말씀이 선포될 때, 그 말씀이 나에게 생명력 있게 다가와야 합니다. 내 심령을 찔러야 합니다. 그래서 그 말씀 앞에 내가 무릎을 꿇어야 합니다. 그 말씀 앞에 내가 변화될 때, 비로소 그런 나를 통해 내 이웃도 변화될 수 있는 것입니다.

선포된 말씀을 신학적으로 '케리그마'(Kerygma)라고 합니다. '케리그마' 또한 '로고스'처럼 살아 계신 하나님의 말씀으로 자신에게 다가와야 합니다. '로고스'나 '케리그마'나 똑같은 하나님의 말씀입니다. 이해하기 쉽게 표현하면 로고스는 우리의 지성에, 그리고 케리그마는 의지에 작용하는 하나님의 말씀이라고 할 수 있습니다.

믿지 않는 사람들이 우리 기독교나 기독교인을 생각할 때 가장 먼저 생각나는 것은 무엇일까요? 아마 이런 단어가 아닐까요? 권위적이다, 독선적이다, 이기적이다. 그런데 이런 이야기가 나오면 그 대상인 기독교는 일반 서민들과는 동떨어진, 다시 말해 선택된, 특수한, 힘 있는, 귀족적인, 이런 특정한 범주에 속합니다. 그러니까 믿지 않는 사람들은 기독교에 접근하기 어렵거나, 기독교에 반대하는 대상으로 전락하는 것입니다. 그러니 전도하기가 힘든 것입니다.

세상 사람들에게 우리 교회가, 그리고 우리 그리스도인들이 왜 이런 모습으로 비춰지는 것일까요? 예수님께서 왜 낮은 자들, 병든 자들, 힘 없는 자들, 가난한 자들, 그리고 죄인들에게 다가가셨습니까? 말씀이 진정 살아 계신 하나님이라면, 우리 또한 그 말씀 앞에 깨어져 새롭게 변화되어야 합니다. 그리고 이웃들에게 격의 없이 다가가야 합니다. 오만과 독선, 그리고 욕심을 버리고 겸허함과 정직, 순전함으로 그들의 삶 속으로 들어가야 합니다. 낮은 곳으로 내려가야 합니다. 그래서 단순히 말로써가 아니라 하나님의 말씀 앞에 깨어진 나의 삶으로 말씀을 전할 때, 그들 또한 말씀 앞에서 비로소 변화될 수 있는 것입니다. 그런데 그리스도인들이 먼저 말씀으로 깨어지지 않음으

로 인해, 세상 사람들에게는 어떤 대중가요의 제목처럼 보이는 것입니다. '가까이 하기엔 너무 먼 당신…'

어느 날 인터넷에서 이런 버전의 시편 23편을 발견했습니다. '시편 23편 함경도 버전'이라는 제목이 붙어 있었습니다.

하나님께선 내래 아바이시라
별난 좋은 거 다 주신다잖슴메?
내게 부족한 게? 없지비.
내래 뒈질 영혼을 살려주지비.
그른 길로 가게 하지 않슴메.
내래 뒈질 껌껌한 골째기를 댕길래두
하낙도 안 무서븐 것은
울 아바이가 내 지팽이와 몽둥이가 돼
내래 눈똥자같이 지켜주시기 때문이지비.
아바이께서 일성이 같은 내 웬쑤 앞에서
내게 독상을 채려주시구
내 머리끄댕이에 기름을 바루고
잔을 꼴까닥 넘치게 채워주신다지 않슴메?
(어메 좋은 것)
선함과 자비가 평생에 나를 따르단잖슴메?
내래 아바이 집에 언제까지나 살게 해 준다잖슴메?
(어메 까물어치게 좋은 것!)

저는 시편 23편의 함경도 버전을 읽고는 한참을 웃었습니다. 그러고 나서 다시 조용히 묵상해보니 그 또한 은혜롭더라구요. 만약 함경도 사람이 이 버전의 시편 23편을 읽었다면 얼마나 마음에 와 닿았을까 하는 생각을 해보았습니다. 그리고 다윗의 시편 23편을 이렇게 쉽고 편한 버전으로 바꾸는 것처럼, 우리 그리스도인들이 지금까지의 권위적이고 이기적이고 독선적인 이미지에서 벗어나, 좀 더 친밀하고 진솔하고 격이 없는 모습으로 믿지 않는 이웃들에게 다가간다면 기독교의 이미지가 달라지는 것은 물론, 그들에게 복음을 전하기도 훨씬 쉬울 것이라는 생각이 들었습니다.

사실 믿지 않는 대중들이 기독교를 쉽게 접하도록 하기 위한 움직임들이 오래전부터 이미 대중가요를 중심으로 시작되었습니다. 우리가 잘 아는 복음성가인 '당신은 사랑 받기 위해 태어난 사람', 이 곡은 20여 년 전 핑클이라는 걸그룹이 리메이크하여 더욱 유명해졌습니다. 그런가 하면 가수 윤항기 씨와 윤복희 씨 남매가 오래전에 부른 '여러분'이라는 노래도, 사실은 복음성가입니다. 윤항기 씨는 지금은 목사님이 되셨지요. 최근에는 복음성가를 트로트, 다른 말로 뽕짝으로 찬양하는 목사님까지 등장했습니다. 이분은 한국의 한 TV 경연 프로그램에 등장해 이런 노래를 불러 장안의 화제가 되었습니다. 그분이 전하는 대표적인 뽕짝 찬양 중 전라도 버전으로 부른 '아따, 참말이여!'의 가사를 소개해드립니다.

아따 참말이여, 믿을 수 없것는디
하나님이 인간이 되어 이 땅에 오셨다고

아따 참말이여 믿을 수 없것는디
하나님이 날 위해 대신 죽으셨다고
이리저리 사방팔방 둘러봐도
어디가 이쁜 구석 있어서
하나님이 친히 찾아오셔서
그 목숨을 내준단 말이여
근디 참말이여 성경에 써 있든디
하나님이 인간이 되어 이 땅에 오셨다고
진짜 참말이여 성경에 써 있든디
하나님이 날 대신하여 죽어 주셨다고
진짜 참말이여 성경에 써 있든디
하나님이 인간이 되어 이 땅에 오셨다고
아 글씨 참말이여 성경에 써 있든디
하나님이 날 대신해서 죽어 주셨다고
참말이여

이 목사님은 지금도 트로트, 즉 뽕짝 찬양을 통해 주님의 복음을 열심히 전하고 있습니다. 물론 이런 일련의 시도들에 대해 한편에서는 대중들에게 다가가기 위한 주목할 만한 시도라고 박수를 치는가 하면, 다른 한편에서는 손가락질을 하며 비난하는 사람들도 있습니다. 그러나 최근 많은 복음성가가 특정한 대상, 다시 말해 도시 인텔리 계층이나 청년들을 대상으로 만들어짐으로 인해 이런 뽕짝 찬양은 다른 한편, 곧 시골이나 많이 배우지 못한 나이 드신 계층의 서민들에게는 오히려 열렬한 지지를 받고 있는 것입니다. 그렇다면 이런 소외된 대중들에게 친근하게 복음을 전하려는 시도는 지금까지 교회 문턱이 높다고 생각했던 계층에게 그렇지 않다는 것을 보여주는 하나의 방편이 될 수도 있을 것입니다.

종교 개혁자인 마르틴 루터(Martin Ruther, 1483-1546)도 당시 농민들이 부르던 노래에 독일어로 가사를 붙여 찬송을 만들어 불렀습니다. 세상을 향한 기독교의 열린 시선들이 더 많은 사람들에게 복음의 풍성함을 담아 전할 수 있다면, 그것이야말로 이 시대가 원하는 진정한 전도의 방법이 아닐까요?

우리는 이제 시편 23편의 묵상을 끝냅니다. 지금까지 수많은 사람들이 이 시편을 읽었습니다. 그리고 수많은 사람들이 시편 23편을 좋아한다고 말합니다. 그러나 그 말씀 앞에 철저히 깨어지기는 쉽지 않습니다. 그리고 우리는 지금까지 어느 누구보다 많이, 그리고 열심히 이 시편 23편을 함께 묵상했습니다. 이 시편과 함께 했던 많은 시간들이 결코 망각의 헛된 흔적 속으로 흘러가지 않았으면 좋겠습니다.

이 세상을 떠나가는 순간을 맞는 사람들이 가장 많이 찾는다는 다윗의 시편 23편이, 저와 여러분이 세상을 떠나는 그 순간에만 찾는 시편이 아니라, 우리의 심령 속에 깊게 각인됨으로 말미암아 이제부터 영원토록 살아 계신 하나님의 능력의 말씀으로 새겨졌으면 좋겠습니다. 그래서 우리가 이 세상을 살아갈 동안 겪는 어떤 상황 속에서도 이 시편이 언제나 우리를 의의 길로 인도해 주는 선한 목자 되신 하나님의 능력의 말씀으로 남았으면 좋겠습니다.

저는 제 아내에게 만약 내가 죽으면 묘비명에 이렇게 써 달라고 유언을 남겨 놓았습니다.

"여호와는 나의 목자시니 내가 부족함이 없으리로다!"

저 또한 이 묘비명이 오직 묘비명으로만 기록되지 않고, 저의 남은 생애 동안 제 모든 삶을 지배하는 살아 계신 하나님의 능력의 말씀이 되기를 진심으로 기도하고 있습니다.

우리가 알듯이 수많은 사람들이 하나님을 자신의 목자로 선택함으로써 거듭났습니다. 우상을 만들어 팔던 아브라함은 하나님을 목자로 선택함으로써 믿음의 조상이 되었습니다. 가진 것이라고는 마른 지팡이 하나뿐이던 팔십 노인 모세는 출애굽의 위대한 지도자가 되었습니다. 갈릴리의 무식한 어부 베드로는 예수님의 수제자가 되었습니다. 그리고 교회를 핍박하던 바울은 위대한 사도가 되어 신약성경의 3분의 1 이상을 기록했습니다. 그리고 시편 23편을 기록한 다윗은 천한 양치기 목동에서 이스라엘의 성군(聖君)이 되었습니다.

그런가 하면 지금도 여전히 하나님의 말씀으로 많은 사람들이 깨어지고 있습니다. 최근에는 시편 23편을 통해 전혀 새로운 인생으로 거듭난 사람이 있습니다.

그는 미국 보스톤에서 출생하여 아이비 리그 가운데 하나인 유명한 브라운 대학과 조지 워싱턴 대학을 졸업한 후 변호사 시험에 합격합니다. 그는 그 후 워싱턴에서 가장 명성 높은 로펌에 들어가 유능한 변호사로 일합니다. 그리고 얼마 지나지 않아 젊은 나이에 로펌의 대표가 됩니다. 그는 돈과 명예를 얻었습니다.

그러나 그는 거기에 만족할 수 없었습니다. 더 원대한 포부를 가슴에 안고 그는 정치에 투신하기로 결심합니다. 그리고 미국 대통령 선거 본부에서 일하며 한 후보를 대통령으로 만드는 일에 자신을 던집니다. 드디어 그가 지원하던 후보가 미국의 대통령이 됩니다. 그는 백악관의 수석 보좌관이 되어 4년 동안 그 대통령을 보좌합니다.

그 후 자신이 모셨던 대통령을 재선시키기 위해 정적들을 제거하는 일에 앞장섭니다. 그 과정에서 얼마나 악명이 높았던지 '대통령의 도끼', 또는 '대통령의 면도날'이라는 별명을 얻었습니다. 드디어 자신이 모셨던 대통령이 재선에 성공합니다. 그러나 그 선거운동 기간 중 발생한 불법 도청 사건에 휘말리면서 어느 날 갑자기 감옥에 가게 됩니다.

그때 그와 친한 크리스천 친구들이 감옥에 있는 그에게 몇 권의 책을 보냈습니다. 그 책 중의 하나가 C. S. 루이스의 《순전한 기독교》라는 책이었습니다. 그는 그 책을 읽으면서 비로소 하나님의 살아 계심을 느끼게 됩니다. 그리고 차가운 감옥 바닥에 무릎 꿇고 엎드려 예수 그리스도를 자신의 구주와 하나님으로 영접합니다. 그리고 그는 곧이어 《Born Again(거듭남)》이라는 책을 집필합니다. 얼마 지나지 않아 그는 한 선택의 딜레마에 직면하게 되었습니다. 검사는 그가 가벼운 죄만 인정하면 즉각 감옥에서 나갈 수 있다고 회유했습니다. 그렇지 않으면 모든 사실을 인정하고 실형을 선고받아 몇 년을 감옥에서 복역을 해야 할 것이라고 했습니다. 그는 둘 중 하나를 선택해야 하는 기로에 서게 되었습니다.

생활 속에서 – 시편 23편

그는 기도하기 시작했습니다. 그리고 그 기도를 통해 하나님의 음성을 듣습니다. 그는 하나님의 의를 세우고 스스로 거듭나기 위해 모든 죄를 인정하고 차가운 감옥으로 돌아가기로 결심합니다. 그리고 그는 다시 감옥을 향해 걸어갑니다. 그리고 그때 시편 23편의 말씀을 조용히 암송하기 시작했습니다. "여호와는 나의 목자시니 내게 부족함이 없으리로다 그가 나를 푸른 초장에 누이시며 쉴 만한 물가로 인도하시는도다…."

형기를 다 마치고 감옥에서 나왔을 때, 그는 완전히 새로운 사람이 되어 있었습니다. 그는 자기의 남은 전 인생을 죄수들을 위해 살기로 결심합니다. 그들을 전도하며 갱생하도록 돕는 일에 평생을 바치기로 합니다. 그래서 프리슨 펠로우십이라는 교도소 선교회를 만들었습니다.

이분의 이름은 찰스 콜슨(Charles Colson, 1931-2012)입니다. 바로 닉슨 대통령의 유명한 워터게이트 사건에 휘말렸던 사람입니다. 찰스 콜슨, 그는 그 후 많은 기독교 책을 저술했으며, 지난 1993년에는 종교인들의 노벨상이라는 템플턴 상을 받았습니다. 그는 오늘날 미국에서 가장 존경받는 사람들을 뽑는 10명 중 한 번도 빠진 적이 없습니다. 그는 가장 낮은 자리에서 고통받고 있는 이웃들을 섬기며 미국을 조용히 변화시켰습니다. 그리고 그는 지난 2012년 선한 목자 되신 하나님의 품으로 떠났습니다.

찰스 콜슨, 그는 하나님이 자신의 목자이심을 뒤늦게 깨우친 사람이었지만, 그럼에도 불구하고 주님을 자신의 목자로 선택함으로써 새롭게 태어난 사람이었습니다.

사랑하는 여러분! 여러분은 지금 어느 길 위에 있습니까? 그리고 여러분은 지금 어디를 향해 걷고 있습니까? 여러분이 지금 걷고 있는 그 길이 비록 힘들고 고통스러운 험난한 길일지라도, 여호와 하나님을 여러분의 목자로 모시고 있다면, 결코 두려워하거나 절망할 필요가 없습니다. 다윗의 고백처럼 여호와가 여러분의 목자라면 결코 부족함이 없을 것이기 때문입니다.

그 목자가 여러분을 푸른 초장과 쉴 만한 물가로 인도하실 것입니다. 여러분의 영혼을 소생시키시고 의의 길로 인도할 것입니다. 비록 사망의 음침한 골짜기를 다닐지라도 주님의 지팡이와 막대기가 언제나 여러분을 지켜주실 것입니다. 사악한 원수들의 목전에서 여러분에게 상을 차려 주실 것입니다. 여러분의 머리에 기름을 부어 주실 것입니다. 그래서 여러분의 손에 든 잔이 영원토록 차고 넘칠 것입니다. 그리고 여러분의 평생에 그 목자의 선하심과 인자하심이 따를 것입니다.

그러면 그때 여러분은 비로소 이렇게 여호와 하나님을 찬양할 것입니다.

"내가 여호와의 집에 영원히 거하리로다."

기/도/문

지금까지 우리는 목자 잃은 양 같은 생활을 해왔습니다. 자신의 실존을 깨닫지 못하고 모든 것을 내 마음, 내 뜻대로 해왔습니다. 내 스스로가 곧 목자 노릇을 해왔음을 고백합니다. 그러니 우리 삶의 곳곳마다 숱한 어려움과 고난이 닥쳐왔습니다. 그리고 그때마다 수없이 좌절하며 절망해왔습니다.

주님, 우리의 교만을 용서해 주시옵소서. 한 마리 연약하고 우매한 양의 존재임을 깨우쳐 주시옵소서. 스스로가 뒤집혀진 양임을 알게 해주시옵소서. 우리 스스로 아무것도 할 수 없는 무력한 존재임을 깨닫게 해주시옵소서.

이제 한 마리 양의 모습으로 겸허히 선한 목자 되신 주님 앞에 나아가기 원합니다. 그리고 목자 되신 주님과 함께 주님의 전에 영원히 거하기 원합니다. 아멘.

시편 23편 묵상
여호와 나의 목자

1판 1쇄 인쇄 _ 2017년 9월 12일
1판 1쇄 발행 _ 2017년 9월 22일

지은이 _ 이종구
펴낸이 _ 이형규
펴낸곳 _ 쿰란출판사

주소 _ 서울특별시 종로구 이화장길 6
편집부 _ 745-1007, 745-1301~2, 747-1212, 743-1300
영업부 _ 747-1004, FAX 745-8490
본사평생전화번호 _ 0502-756-1004
홈페이지 _ http://www.qumran.co.kr
E-mail _ qrbooks@gmail.com / qrbooks@daum.net
한글인터넷주소 _ 쿰란, 쿰란출판사
등록 _ 제1-670호(1988. 2. 27)
책임교열 _ 최진희·김유미

ⓒ 이종구 2017 ISBN 979-11-6143-046-1 03230

책값은 뒤표지에 있습니다.
이 출판물은 저작권법에 의해 보호를 받는 저작물이므로 무단 복제할 수 없습니다.
파본(破本)은 구입처에서 교환해 드립니다.